2・3・4・5歳児の

技法あそび実践ライブ

化するものです。

はじめに

古くからそして今日においても、保育現場で技法を使った造形活動は、“あそび”としてよく取り組まれているようです。技法あそびに取り組むにあたっては、準備やかたづけも含め、保育者の負担はたいへんなもので、それだけに「教えた」と満足しがちです。しかし、本当に子どもたちが心から楽しんでいる姿や遊び込んでいるようすはなかなか目にすることができません。確かに子どもたちは、色や形にふれてはいるのですが、「遊んだ」という充実感が伝わってこないのです。この場合、指導内容についていくのに精一杯といった感じや、教わったことをそれなりにこなしているという感じが否めません。せっかく“あそび”として取り組むのだから、子どもも保育者も、もっと楽しめるものになってほしいものです。このような思いから、本当の意味での“あそび”として、技法を用いることを目指して本書を作りました。

活動の手順や約束事など指導する内容も多くなりがちですが、教えることだけに一所懸命になるのではなく、子どもの表情や取り組むようすに目を向けましょう。子どものワクワク！　ドキドキ！　に寄り添い、いっしょに驚いたり、喜んだりすることで、保育者も楽しめる保育になることでしょう。

技法あそびを通し、子どもたちが「おもしろい！」と心ときめかせ、「もっとやりたい！」と意欲的になり、「こんどはこんなふうに！」と工夫できるようになるといいですね。また、お友達といっしょに、驚いたり、喜んだり、感動したり、不思議に思ったりするような経験も大切です。互いのよさを認めたり、教え合ったりできる環境をつくっていきたいものです。

技法あそびが子どもにとって本当の“あそび”となるよう、子どもの気持ちにしっかり寄り添った保育が展開されることを願っています。

今回、『月刊保育とカリキュラム』の別冊附録から単行本化するにあたり、技法あそびを保育に生かすためにはどうすればよいかという内容をより深く幅広くお伝えできるよう、巻頭に「子どものワクワクに寄り添う技法あそびの進め方」と題してイラスト入りのわかりやすい解説部分を増補しました。お役立ていただければ幸いです。

村田夕紀・内本久美

子どものワクワクに寄り添う

技法あそびの進め方

次のページから始まります！

子どものワクワクに寄り添う
技法あそびの進め方
～先生は魔法使い～

P.2～11

技法は魔法

「わー!すごい!」「魔法みたい!」初めて技法あそびの魅力に出会った子どもの目は、キラキラと輝いています。どうやら大人にとっては何でもないことでも、子どもには大きな驚きとして迎えられるようです。そして技法による効果の不思議さが、子どもにはまるで魔法のように感じられるようなのです。混じり合う色の美しさに感動したり、偶然できた形のおもしろさにときめいたり、作ったものが写し出されることに驚いたり、技法の効果は子どもの目をくぎ付けにし、心をとらえます。子どもの気持ちに寄り添い、保育者も魔法使いになったつもりでいっしょに楽しみましょう。そして何より、技法あそびが真に楽しい“あそび”になるように心がけましょう。

1 子どものワクワクを支える 材料・用具の整え方

事前に試しておこう

絵の具は色だけでなく、濃度(水加減)などによっても技法の効果が違ってきます。パスやコンテ、フェルトペン、版画用インクなども、メーカーによって特質が異なるものがあります。また、紙や素材の質によって、その技法に適さないものもあります。必ず事前に材料を用意し、試しておきましょう。子どもの前で慌てないように、準備はしっかりと!

絵の具

●デカルコマニー(P.18)　●スタンピング(P.22)　●染め紙(P.26)　●にじみ絵(P.30)　●ビー玉ころがし(P.34)　●ローリング(P.38)　●重ね塗り・重ね描き(P.42)　●バチック(P.46)　●霧吹きのステンシル(P.103)　●糸引き絵(P.104)　●糸巻き絵(P.105)　●あわ写し(P.106)　●ドリッピング(P.107)　●スポンジ絵(P.110)　●ウォッシング(P.111)

試すPoint

●濃度(水加減)はちょうどいいかな?

→水の量を少なく溶くもの:「デカルコマニー」「ローリング」「重ね塗り・重ね描き」「ウォッシング」
　水の量を多く溶くもの:「染め紙」「バチック」「霧吹きのステンシル」「あわ写し」「ドリッピング」

●色の組み合わせは?

→どんな色を溶くかは保育者しだいですね。美しく見える組み合わせを工夫しましょう。にじみ絵などは、混ざっても濁らない色の組み合わせを!

パス・クレヨン

●バチック(P.46)　●スクラッチ(P.50)　●カーボン紙絵(P.54)　●混色・重ね描き(P.58)　●ステンシル・指ぼかし(P.62)

試すPoint

●どれくらいの強さで塗ったり描いたりすればいいのかな?

→筆圧が弱いと、バチックやスクラッチ、カーボン紙絵などの効果がわかりにくくなります。子どもの手の力など、発達面の考慮も忘れずに。

●絵の具をはじくかな?

→絵の具の濃度のチェックは忘れずに。濃すぎるとはじきにくく、薄すぎると効果がわかりづらいです。また水に溶けるクレヨンなどもあるので要チェック!

●塗り重ねることができるかな?

→メーカーによってはロウの配分が多く、塗り重ねにくいクレヨンなどもあります。

●写るかな?

→色移りしにくいパスやクレヨンがあります。色によっても違うので、カーボン紙絵の前には必ず全色を試しておきましょう。

●混色したらどんな色になるのかな?

→事前にいろいろな色の組み合わせを試しておきましょう。保育者もその楽しさを体感しておくことが大切です。また、知識として知っておくことで子どもへの援助にも役だちます。

コンテ

●ステンシル・指ぼかし(P.62)　●混色(P.66)　●にじみ絵(P.70)　●フロッタージュ(P.74)

試すPoint

●水に溶けるかな?

→「コンテ」と書いてあっても、メーカーによっては水に溶けないものもあります。水に溶かして使用するときには、必ず試しておきましょう。

●持ち方は?

→縦持ちと横持ちでは、塗ったときの粉の出かたや、こすって定着させたときの風合いが違います。

●粉はどれくらい出るのかな?

→しっかり塗ると粉がたくさん出てきます。その粉をこすって定着させてみましょう。

●混色したらどんな色になるのかな?

→事前にいろいろな色の組み合わせを試しておきましょう。保育者もその楽しさを体感しておくことが大切です。また、知識として知っておくことで子どもへの援助にも役立ちます。

フェルトペン

●にじみ絵(P.78)　●水性フェルトペンのスチレン版画(P.109)

試すPoint

●水性、油性、耐水性を確かめよう。

→水性フェルトペンのインクは水に溶ける性質を持ち、にじみやすいですが、油性フェルトペンは水に溶けません。にじみ絵や水性フェルトペンのスチレン版画には、水性を使いましょう。また「ポスカ」などの水性顔料インクを用いた耐水性フェルトペンも、乾くと水に溶けません。しっかり確認をしておきましょう。

絵を描いた後で、薄く溶いた絵の具で着色する場合などは、油性フェルトペンが適しています。(P.83紙版画、P.88スチレン版画参照)

●水に溶けて、よくにじむかな?

→色によってにじみ方が違うので、事前にチェックしておきましょう。にじみ絵の効果を生かすためには、黒や赤、青など濃い色が向いているようです。

版画用インク

●紙版画(P.82)　●スチレン版画(P.86)　●コラージュ版画(P.90)

試すPoint

●水性、中性、油性を確かめよう。

→それぞれ、かたづけ方が違います。油性インクはかたづけに灯油やシンナーが必要ですが、中性は洗剤やお湯で洗い流すことができます。さらに水性は水で洗い流すことができるので、もっとも扱いやすいインクです。

●インクの付け方が、子どもの作品に影響するよ!

→インクはローラーで均一によく伸ばしてから版に付けます。インクの量が多すぎると細やかな表現や凹凸が写らなくなり、量が足りないと写りが悪くなります。適量のインクが、均一に付くよう、何度も試しておきましょう。保育者の技術が求められるところです。

いろいろな素材

●コラージュ版画(P.90)　●コラージュ(P.94)　●はり絵(P.98)

試すPoint

●どんな接着材料が適しているかな?

→素材によっては接着できないものもあります。テープ類、のり、接着剤の用途を、事前にしっかり試しておきましょう。また活動の流れなどにも考慮し、子どもの使いやすい接着材料を選びましょう。

●ハサミで切れるかな?

→布や固い素材など、ハサミで切りにくいものがあります。子どもの手の巧緻《こうち》性なども考え、素材を吟味しましょう。

紙類

試すPoint

●技法に適した紙を使って

→画用紙や障子紙、コピー用紙など、紙の質や厚さが違います。それぞれの技法に適した紙を用意し、その紙を使って事前に試しておきましょう。

●枚数はどれくらい用意するの?　出し方はどうするの?

→繰り返しの活動などには、ひとりあたりの枚数は決めず、自分のペースで活動を楽しめるようにします。全体として十分な枚数を用意しておきますが、一度にすべてを出してしまうのではなく、なくなったら補充するようにしましょう。

2 子どものワクワクを支える

環境構成

楽しく遊べる環境を作ろう

活動の流れや動線を考え、机や画板の配置、材料を置く場所など、それぞれの活動に合わせた環境構成を工夫しましょう。ひとりひとりの子どもの活動が十分に保障され、楽しく展開できるようにしたいものです。

★繰り返しの活動を楽しむために…作品の置き場所を工夫しよう。

＜ひとりひとりの作品に分けたいとき＞

名前を書いたテープを個々の画板にはっておきます。作品は画板の上に並べ、活動が終わった後でも、名前がわかるようにしておきましょう。

画板に名前のテープをはって

〈P.32絵の具のにじみ絵参照〉

円形に並べた画板の中央に材料を置き、子どもは材料を背にして外向きに座ります。

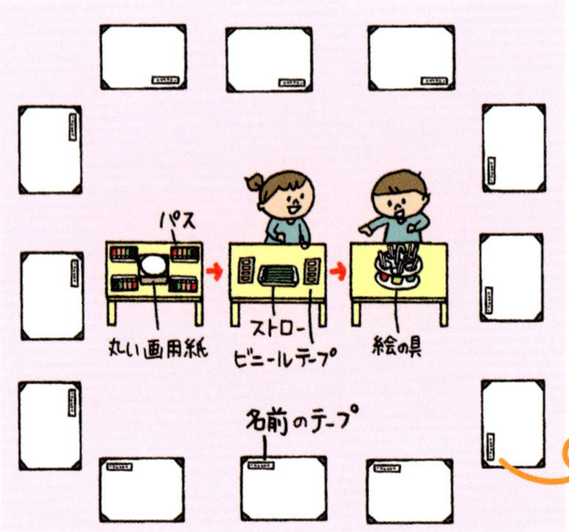

〈P.48バチック参照〉

部屋の中央に活動の場をつくり、個々の作品は周囲の画板に置いていきます。

画板にはった名前のテープをビニール袋にはり変えることで、作品の収納もラクラク！

＜みんなで作品を共有するとき＞

ひとりひとりの作品を分ける必要がないので、のびやかに活動が楽しめます。

乾燥棚や画板を使って

画板を積み重ねておき、できた作品から順に上に並べていきます。一番上の画板がいっぱいになったら乾燥棚に入れ、また次の画板の上に並べていきます。乾燥棚がない場合には、ブロックなどを画板の四隅に置き、重ねていってもいいですね。

ひもを張って

〈P.20デカルコマニー参照〉

柱や窓枠などを利用し、子どもの手が届く高さにひもを張ります。いっぱいになったら上に引き上げ、次のひもを下に追加していきます。

〈P.28染め紙参照〉

遊具やフェンス、樹木などを利用し、ひもを張ります。いっぱいになったらどんどんひもを追加していきましょう。

★混み合わないために… 材料を置く場所や活動の場を確保しよう。

材料の置き場所が悪く、混雑したり取りづらかったりすると、せっかくの楽しい活動も台無しです。落ち着いてじっくり取り組めるような環境を整えましょう。

NG
あれがほしいのに とれないよ
せまくて とおれないよ
ちょっと、よけてよ！

＜4人一組になって＞

絵の具

4枚の画板の中央に、4人分の材料をまとめて置きます。立ち歩かず、材料にすぐ手が届くので、じっくり落ち着いて活動が楽しめます。材料の種類が少ない場合に適しています。

〈P.20デカルコマニー参照〉

＜丸く輪になって＞

丸く円形に並べた画板の中央に材料を置き、子どもは材料を背にして外向きに座ります。数種類の材料を使う場合で、15人程度の人数をめどにひとつの輪を作りましょう。

絵の具

〈P.44絵の具の重ね塗り・重ね描き参照〉

＜横に並んで＞

画板を1列または2列に並べて座ります。必要な材料を取りに行けるよう、子どもの動線を考慮したうえで、材料を置く場所は別に設け種類別に整理して並べておきます。人数に合わせ材料置き場を増やしてもいいですね。材料の種類が多い場合に適しており、いろいろな材料の中から選ぶ楽しさが味わえます。

いろいろな材料

〈P.96コラージュ参照〉

※版画の場合にも活用できるよ

ひとりひとりの活動の場と材料置き場、インクを刷る場所を作っています。子どもたちは材料を背に画板に向いて座り、版作りを楽しみます。版ができた子どもから、インクを刷る場所に移動するという設定です。刷り終わった作品をしまえるよう乾燥棚はそばに置いておきます。繰り返し版あそびを楽しむこともできますね。

インク
材料
乾燥棚

〈P.92コラージュ版画参照〉

全体を通して

NG
ぐちゃぐちゃで、
どれをつかっていいのかわからない
たくさん
いっぱいあるからよくばりしちゃえ

- 床や机の上、材料置き場などが乱雑にならないよう、整理整とんに努めましょう。
- 材料は出し過ぎず、適量を考え、なくなったら追加できるように準備しておきましょう。

3 子どものワクワクを支える かかわり方

子どもの「ドキドキ、ワクワク」に寄り添って

技法あそびが子どもにとって本当に楽しい「あそび」となるようなかかわりを心がけ、技法の魅力がしっかり伝わり、子どもの「ドキドキ、ワクワク」に寄り添えるような導入やことばがけを工夫しましょう。

★導入するときの心がけ

- 活動の手順を一方的に説明するだけでは、技法の魅力は伝わりません。技法の持つおもしろさを伝え、子どもたちにワクワク感を与えられるような導入を心がけましょう。子どもたちをうんと近くに寄せてささやくような小さな声で話したり、秘密の扉を開けるようにそっと紙を開いて見せたり…。「先生って、魔法使い?!」と思ってもらえたら成功です。
- 技法の基本的な進め方や活動の流れは、はっきりとわかりやすく、伝えましょう。めりはりのついた導入のことばがけで、子どもの心をつかみましょう。

★子どもに寄り添ったことばがけ

大きな声で大げさに喜んだり、褒めたりすることも大切ですが、子どもが慎重にそっと活動しているときは、その子の思いに寄り添って、ささやくような小さな声で話したり、声を出さずに、表情で共感する気持ちを伝えたりするようなかかわり方も必要です。その場に応じたかかわりができるよう、しっかり心のアンテナを立て、子どもの夢中に寄り添った保育を心がけましょう。

1対1の対応で、ていねいなかかわりをしているように見えますが、保育者が管理しやすい環境構成をしているだけで、他の子ども全員が並んで待っています。ひとりひとりの「やりたい!」という気持ちを受け止めたり、感動している子どもの心に寄り添ったりする余裕がなくなっています。何より、思いを共有し合ったり、その余韻を楽しんだり、教え合ったりする子ども同士のかかわりが制限されてしまうのが残念ですね。

★子ども同士のかかわりも

- ひとりひとりの活動で終わるのではなく、共感し合ったり、教え合ったり、相談したりすることで、より楽しい活動となります。
- 環境構成を工夫し、子ども同士かかわりながら活動できるようにしましょう。
- 活動内容をしっかり伝え、子ども達が自分でできるようなルールを工夫しましょう。

次々と紙を使い乱雑になってしまう子どもには、そばに寄り添い、保育者がいっしょにやってみることで、落ち着いた雰囲気をつくりましょう。そして、技法の効果をもう一度しっかり伝えるといいですね。

4 子どものワクワクを大切にした かたづけ

かたづけも楽しめるような工夫を

楽しい技法あそびの後は、自分たちでかたづけることも「お楽しみ」のひとつです。また、「楽しかった!」という思いがあれば、進んでかたづけてくれるものです。かたづけも遊びの一環だと考え、子どもたちといっしょに取り組みましょう。

★どこにかたづけるの?

それぞれの材料・用具のかたづける場所を決め、どのようにかたづけるのかを、子どもたちにわかりやすく示しましょう。

NG
?
どこに かたづける のかなあ

ゴミ
画板
ペン類
残った紙
どこにおくのか すぐわかるよ! おへやがきれいに なってたのしいね

★絵の具の後は・・・

絵の具を使った後の洗いものは、子どもにとっては大好きな「お手伝い」です。水で洗い流しながらも、色水の流れるようすや、色が混ざったり変化したりするようすにも興味津々!

NG
はーい おしまい! さわってはだめよ
おてつだい したいな…

きれいにあらおう!
いろみずになって ながれていくの たのしいね
まざって いろが かわったよ
おてつだい だいすき

★もう片づけちゃうの?

技法あそびの後は、忙しくかたづけに追われがちですが、子どもたちの心には「楽しかった!」という思いが残っていることでしょう。その遊びの余韻が少しでも楽しめるような工夫をしみましょう。

NG
作品は 集めて かたづけるよ!
ぼくのだいじ どこにしまうのかな…

うわー! うんどうかいの はたみたい!
保育室が にぎやかに なったネ!

5 子どものワクワクが伝わる 保護者との連携

成長の喜びを共有しよう

楽しい遊びのようすを保護者にも伝え、子どもの成長の喜びを共有しましょう。保護者の子ども理解を促すきっかけになります。また、保育内容を理解して頂くことは、保育者にとっても力強いサポートになります。

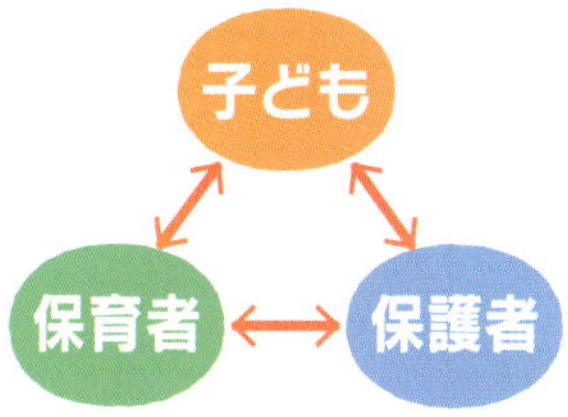

★月のおたよりや連絡帳、お手紙で

<汚れることを、事前に知らせよう>

夢中になって遊んでいると、ついつい汚れるものです。家に帰ってから、汚れをしかられてしまうようでは、子どもの気持ちが沈んでしまいます。汚れることに理解を求めるお手紙を、事前に出しておきましょう。

<お知らせ>

○月○日は、絵の具を使った遊びを予定しています。存分に絵の具の感触を楽しもうと思いますので、汚れてもいいTシャツとズボンを持ってきて下さい。

<活動内容を知らせよう>

子どもが園でどのような遊びをしているのか、そのようすを保護者も知りたいものです。また活動内容が分かることで、子どもとの会話も弾みますね。

<お知らせ>

○月○日　絵の具で「デカルコマニー」を楽しみました。ふたつ折りにした画用紙を開き、片方に絵の具を乗せて折り戻します。こすって開くと左右対称の不思議な形ができあがり! 子ども達は形のおもしろさや色のきれいさに感激して、何枚も何枚も繰り返し楽しんでいました。じっくりお話を聞いてあげてくださいね。

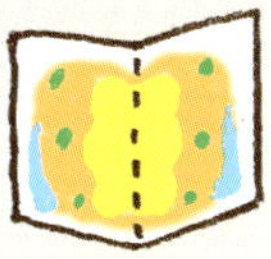

★玄関ホールなどに飾って

送迎に来た保護者が鑑賞できるよう、玄関ホールや廊下などに飾っておきましょう。作品だけでなく写真やコメントを添えると、その日の活動のようすがわかりやすいですね。

6 子どものワクワクが広がる

技法あそびの展開

遊びの連続性を大切に

ひとつの活動が終わったら、そこで「おしまい!」ではなく、その活動をきっかけに、保育の中で連続性を持って展開していくことが望まれます。子どもの思いに寄り添いながら、活動の深まりや広がりを楽しみましょう。

★「もっとやりたい!」の気持ちを受け止めて…コーナー遊びに取り入れよう!

設定保育の中での活動を、引き続き楽しめるよう、コーナー遊びとして取り入れてもいいですね。まだまだやってみたいと思っている子どもが、自分のペースで、納得できるまで楽しむことができます。（P.69フロッタージュ「みんなのカードを写そう!」参照）

NG
もうおしまいにしなさい
もっとやりたかったのにな
もうおしまい?

またあしたもおたのしみ!
続きはコーナーでね

★どんどんイメージを広げて・・・作ったり描いたり

保育室などに飾って、みんなで鑑賞するのもいいですね。自分の作品だけでなく、お友達のいろいろな表現を知ることができます。そして、それらの作品をきっかけに、さらにイメージを広げて、作ったり描いたりする活動に展開するといいですね。

みんなのあつめたらジュースやさんになった!
ジュースをのんでいるひともつくろうよ!

いちごもいっぱいよういしなくっちゃ
おきゃくさんいっぱいだね
どうぶつたちもかいにきたよ

★「園行事」や「季節のせいさく」などに

技法あそびで楽しんだ作品を「園行事」や「季節のせいさく」「プレゼントせいさく」などに生かすのもいいでしょう。「せいさく」のためだけに枚数を限って作るのではなく、技法あそびで楽しみながら作ったたくさんの作品の中から、お気に入りのものを選んで使うと楽しいですね。

造形展

（P.35ビー玉ころがし）
コメントといっしょに、壁面に飾って展示しています。

お店屋さんごっこ

「ペロペロキャンディ」

（P.49バチック）
ビニール袋に入れて、売り買いを楽しみます。

運動会

「万国旗」

（P.28染め紙）

「こいのぼり」

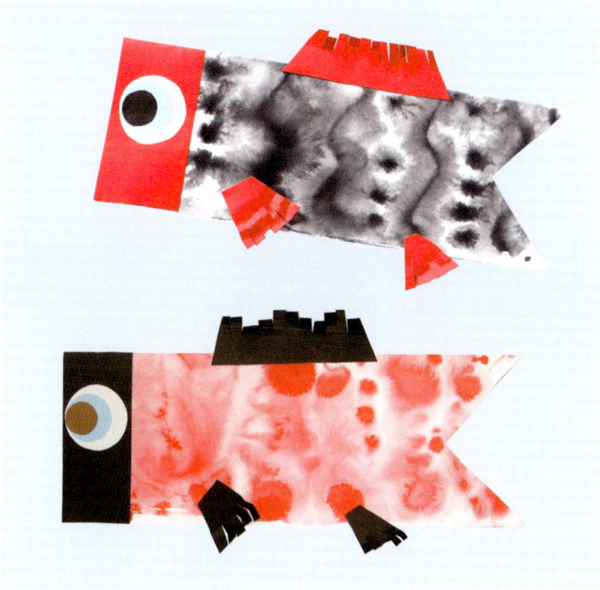

（P.31絵の具のにじみ絵）

「プレゼントカード」

（P.19デカルコマニー）

「七夕飾り」

（P.27染め紙）

「クリスマスオーナメント」

（P.95コラージュ）

CONTENTS もくじ

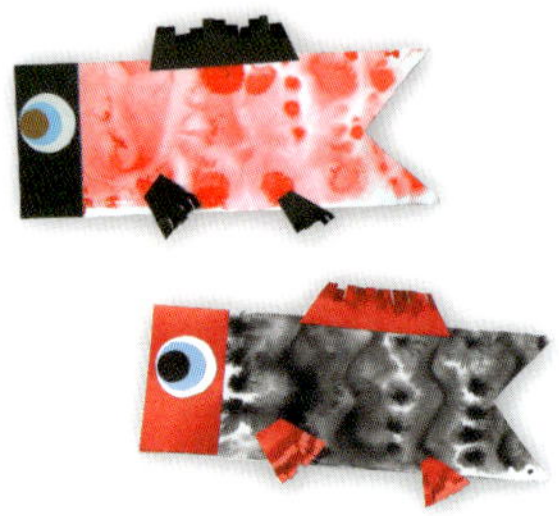

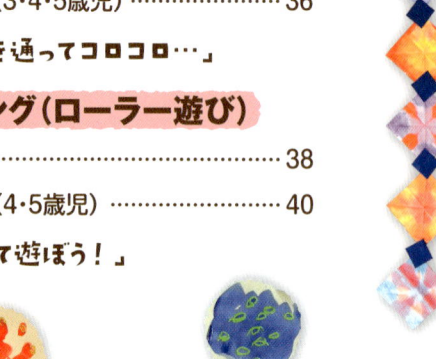

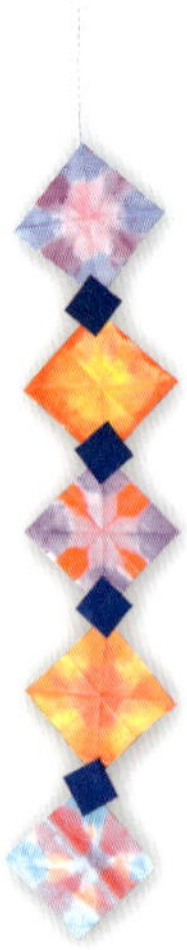

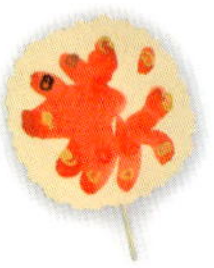

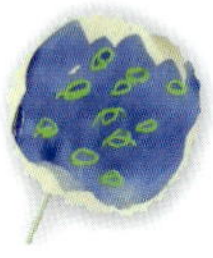

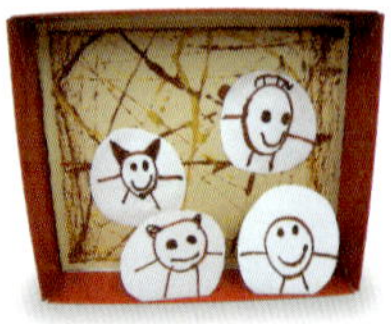

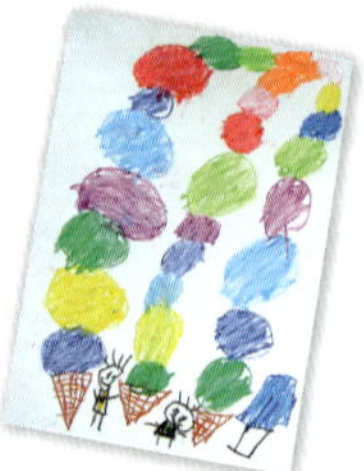

こんな技法も知っておこう

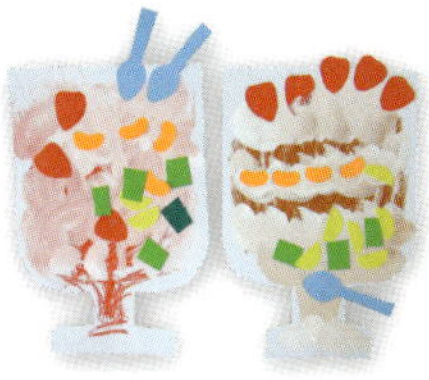

2〜5歳児　技法あそび 実践の目安

2歳児

スタンピング（型押し）
「こいのぼり」P.23

ビー玉ころがし
「壁面に飾る」P.35

パスのカーボン紙絵
「あった！ あった！」P.55

スチレン版画
「お絵かきしたよ」P.87

水性フェルトペンのスチレン版画 P.109
「グルグル、グチュグチュ」

ドリッピング（たらし絵）
P.107

バチック（はじき絵）
「出てきた！ 出てきた！」P.47

コラージュ版画 P.91
「両面テープを使って」

「テープやシールをはって」

ラミネーション P.108（はさみ込み）
「アルミホイルを使って」

「クリアフォルダーを使って」

3歳児

スタンピング（型押し）
「つないで、飾ろう！」P.23

絵の具のにじみ絵
「フルーツポンチ」P.31

ビー玉ころがし P.35
「オニさん」

絵の具の重ね塗り・重ね描き
「おこのみやき」P.42

バチック（はじき絵）
「焼きそばを作ろう！」P.47

「ペロペロキャンディ」P.49

パスの混色・重ね描き
「あま〜いキャンディ」
「ミキサー」P.59

スチレン版画「雪だるま」
P.87

コラージュ P.95
「台紙にひもを巻いて」

コラージュ版画 P.93
「写してあそぼう！」

はり絵
「積み木あそび」P.98

ラミネーション P.108（はさみ込み）
「絵の具を使って」

デカルコマニー（合わせ絵）
「おしゃれなきのこ」P.19

絵の具のにじみ絵
「魔法のお水だよ！」
P.32

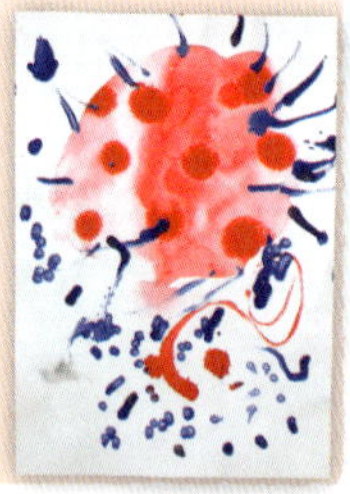

絵の具の重ね塗り・重ね描き
「おしゃれな雪ウサギ」
P.44

コンテの混色「ブドウ狩り」
P.67

紙版画
「ライオン」
P.83

コラージュ版画
「ぼくのお友だち」P.91

はり絵「ぼくたち3人兄弟」
P.99

4歳児

スタンピング（型押し）
「お魚いっぱい泳いでる！」P.24

ビー玉 P.36 **ころがし**
「トンネルを通ってコロコロ…」

霧吹きのステンシル
「葉っぱのステンシル」
P.103

ローリング（ローラー遊び）
「型を抜いて遊ぼう！」P.40

バチック（はじき絵）
「ジュース屋さん」
P.47

スクラッチ（ひっかき絵）
「ミノムシ」P.51

パスの混色・重ね描き
「おいしいアイスだよ！」
P.61

パス・コンテのステンシル・指ぼかし
「ひかる！たからもの」
P.64

コンテの P.71 **にじみ絵（水ぼかし）**
「パフェ」

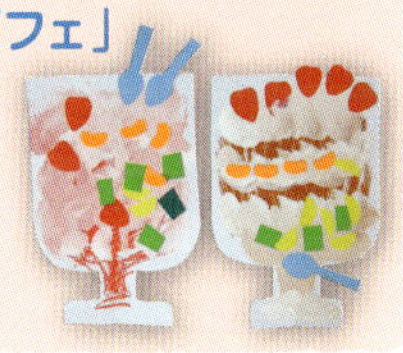

水性フェルトペンのにじみ絵
「シャボン玉とんだ」P.79

スチレン版画
「キリン」
P.87

コラージュ
「クリスマスオーナメント」
P.95

水性フェルトペンのスチレン版画
「魔法使い」
P.109

ラミネーション（はさみ込み）
「ラミネーター（パウチ）を使って」
P.108

5歳児

デカルコマニー（合わせ絵）
「写して遊ぼう」P.21

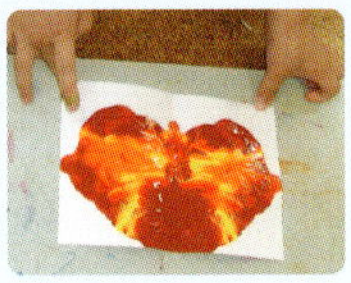

染め紙「きれいな色に染まったよ！」P.28

絵の具の重ね塗り・重ね描き
「はだかの王様」
P.43

絵の具のにじみ絵
「夕焼けのお空に！」
P.31

ウォッシング（洗い流し）
「クリスマスツリー」
P.111

スポンジ絵
「虹色のおうち」
P.110

あわ写し「おさかな」
P.106

バチック（はじき絵）
「お洗濯」
P.47

スクラッチ（ひっかき絵）
「切手を作ろう」
P.52

パスのカーボン紙絵
「うつし絵セット」
P.56

パスの混色・重ね描き
「ケーキ屋さん」P.59

コンテのにじみ絵（水ぼかし）
「おいしいジュース」
P.71

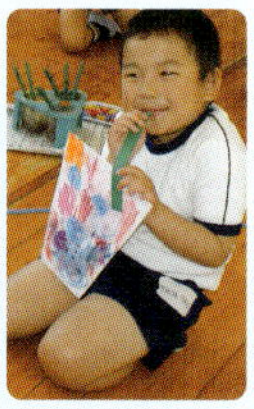

「大きなお山」P.72

コンテの混色
「おイモほり」
P.68

水性フェルトペンのにじみ絵
「きれいな模様ができたよ」
P.80

フロッタージュ
「みんなのカードを写そう！」P.76

紙版画 P.84
「お城に住んでいるのは…」

コラージュ版画
「おとうさんとおかあさん」P.91

スチレン版画
「切って組み合わせてみたよ」
P.89

コラージュ「壁飾りを作ろう」
P.96

はり絵「オシャレな傘をさして」
P.99

この本の特長

本書では

平面技法についての基本的な進め方などの解説を**「基本ページ」**で、子どもが夢中になる技法あそびの実践例を**「実践ライブページ」**でそれぞれイラスト・写真たっぷりで紹介しています。そして、技法あそびを保育に生かせる解説を、**「技法あそびの進め方」**として掲載しています。

基本

技法ごとに準備のしかた、基本的な進め方などをイラストや写真で詳しく解説。
そこから生まれてくるたくさんの作品も紹介しています。

活動の流れ

イラストでわかりやすく、できるだけシンプルにまとめています。

準備物の POINT

材料を準備するときに、知っておきたいポイントや豆知識を紹介。

いろいろな題材紹介

基本から広がるいろいろな題材を紹介。かわいい子どもたちの作品もたくさん掲載しています。

実践ライブページへ

基本ページの次は、園で実際に行われた技法あそびの実践ライブを紹介。

次のページへ
GO!

実践ライブ

技法あそびの導入や援助の方法をわかりやすく伝えるために、たくさんの写真を使用して実践例を紹介しています。明日の保育に役だつヒントがいっぱいです。

導入・ことばがけ例

技法の説明ではなく、子どもたちが楽しく活動できる導入の一例が具体的に示されています。

活動の流れ

実践の写真を使って、わかりやすく紹介。

活動の POINT

実践での注意点や保育者の配慮などをていねいに解説しています。

子どもたちの作品＋活動のようす

子どもたちの個性あふれる作品や活動のようすを写真たっぷりで紹介。

環境構成などの役だつ情報もいっぱいです。

子どものワクワクに寄り添う 技法あそびの進め方

準備からかたづけ、その後の展開まで技法あそびを保育で生かすための内容が詰まっています。

技法の基本 kihon & jissen 実践ライブ

技法の基本の進め方と、実際に保育で行なわれた実践を、
写真たっぷりでご紹介します。

基本 デカルコマニー（合わせ絵）

ふたつ折りにした紙を開き、片側に絵の具を乗せて折り戻します。こすって開くと左右対称の不思議な形ができ上がります。混じり合った絵の具の美しさに感動したり、偶然できた形を何かに見たてたり、子どもたちは色や形の変化を楽しみます。

基本の準備物

- 画用紙
- 絵の具
- スプーン
- カップ

START

1 ふたつ折りにした画用紙を開き、片面に絵の具を乗せる

絵の具の量が多すぎると、紙からはみ出してしまいます。事前に適量を試し、「スプーン1杯ずつ」「○色まで」といったルールを子どもたちに伝えましょう。

2 再び折り畳み、手のひらでしっかり押さえる

3 開くと左右対称の模様ができる

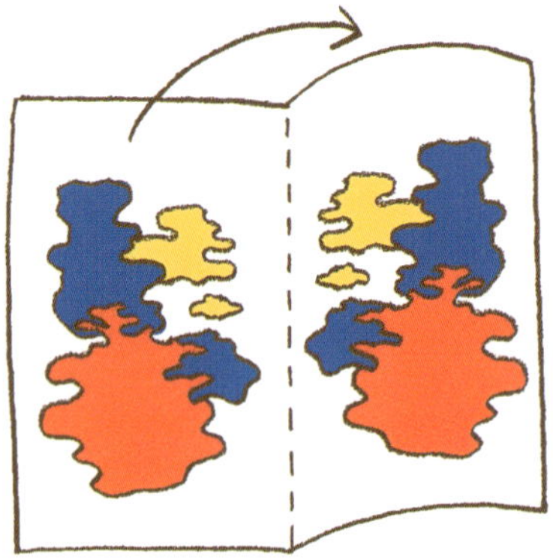

折り方を工夫してみると

縦に折ったり横に折ったり、三角に折ったり、小さく折り畳んだり…。

準備物のPOINT

絵の具の準備

★絵の具は、水を少なく濃いめに溶いて、プリンカップなどの容器に入れます。プリンなどに付いている小さなスプーンを、カップに1本ずつ入れておきましょう。

★カップに入れる絵の具の量は、底に1㎝くらいをめどにし、なくなったらつぎ足せるように準備しておきます。一度にたくさん入れておくと、こぼす原因になりますね。

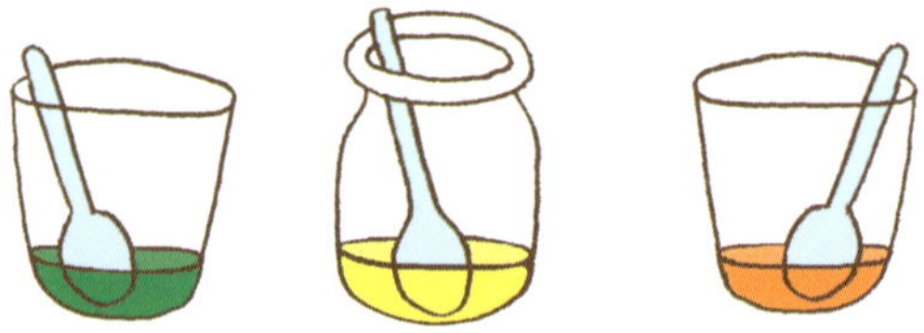

おしゃれなきのこ 4歳児

きのこの傘の部分はデカルコマニーで模様を作りました。壁面に飾ったり、出入り口につり下げたり。飾り方を工夫してみましょう。

プレゼントカード 5歳児

デカルコマニーの模様を外側に折り返し、ペンで絵を描いた色画用紙をはり合わせています。ピンキングバサミなどで、周りを少し切るとかわいくなりますね。

大好きな
おばあちゃんと
おじいちゃん

転写後、カードにアレンジ！

転写することで表面の絵の具が取れ、なめらかになります。

こいのぼり 4・5歳児

色画用紙のこいのぼりにデカルコマニーのうろこがきれいです。

写して遊ぼう！ 5歳児

次のページで… 実践ライブ紹介

実践ライブ

5歳児

デカルコマニー（合わせ絵）

デカルコマニーを模造紙などに転写して遊びます。絵の具の感触を楽しみながら、色が生み出す美しさを感じたり、写し取る楽しさを味わったりします。繰り返し活動が楽しめるような環境を整え、意欲的に活動に取り組めるようにしましょう。

ペッタン、ペッタン…。

写して遊ぼう！

用意するもの

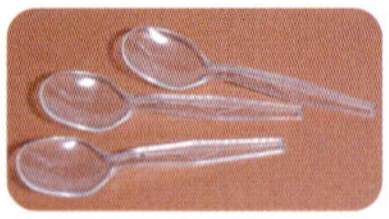

- **絵の具**…水を少なく濃いめに溶いて、プリンカップなどの容器に入れ、トレーや箱にまとめておく。カップに入れる絵の具の量は、底に1cmくらいをめどにし、なくなったらつぎ足せるように準備しておく。
- **スプーン**…プリンなどに付いている小さなスプーン。カップに1本ずつ入れておく。
- **画用紙**…8ツ切りの4分の1サイズ、ひとり15枚くらい
- **模造紙または新聞紙**…人数分程度
- **洗濯バサミ**…ひとり15個くらい
- **ひも**　● **ぞうきん**

環境構成

繰り返し活動が楽しめるよう、干すための洗濯バサミやひも、転写するための模造紙などは十分に用意し、子どもの動線を考慮した環境を構成しましょう。

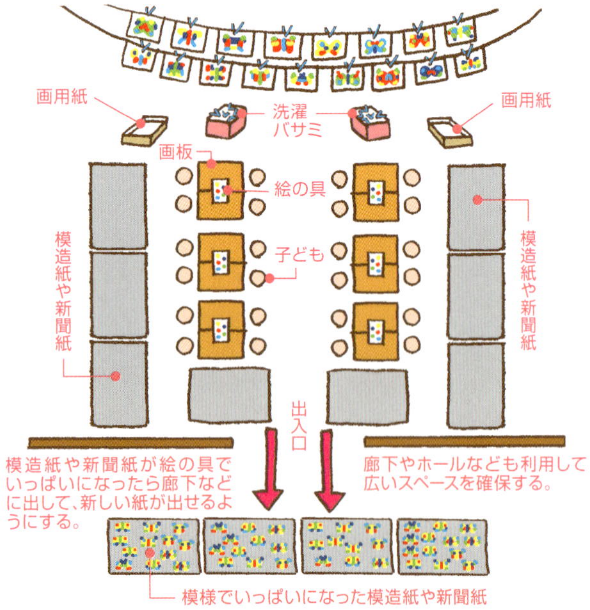
画用紙
洗濯バサミ
画用紙
画板
絵の具
子ども
模造紙や新聞紙
模造紙や新聞紙
出入口
模造紙や新聞紙が絵の具でいっぱいになったら廊下などに出して、新しい紙が出せるようにする。
廊下やホールなども利用して広いスペースを確保する。
模様でいっぱいになった模造紙や新聞紙

導入・ことばがけ例

▶みんなの大好きな絵の具で、いいことするよ。
まずは、画用紙を半分に折って、折り目をつけてから、開くよ。
それから、画用紙の片側に、スプーンで絵の具をタラタラ…と乗せるね。（やって見せながら）
＊活動の内容と流れを伝える
次はどの色にしようかな？

「ピンク」「あお」「きいろ」…

▶じゃあ、2つ目の色もタラタラ…スプーン1杯だけだよ。
3つ目の色も1杯だけ、タラタラ…。3つでおしまい。
＊ルールを伝える
3つの色を乗せたら、パタンと閉じて、ゴシゴシ…。
きれいにな〜れ！　開けてみるね！

ワ〜！ すご〜い！ きれい！

▶今度はこのきれいな模様を、模造紙に写してみるね。
＊活動の流れを伝える
パタン！　しっかり押さえて、ゴシゴシ…。
もう1回、パタン！　パタン…！

だんだんうすくなるね。

▶写らなくなったら、洗濯バサミで挟んで干してね。
＊活動の流れを伝える
できたら、また、次の紙を取ってやってみようね。
＊繰り返しの活動を促す

START 1

画用紙の片面に絵の具を垂らす

ふたつ折りにした画用紙を開き、片側に、スプーンですくった絵の具を垂らします。

2 折り畳んで、こすってから開く

再び折り畳み、手のひらでしっかり押さえ、こすってから開きます。

おりたたんで、ゴシゴシ…

わ〜！ きれい！

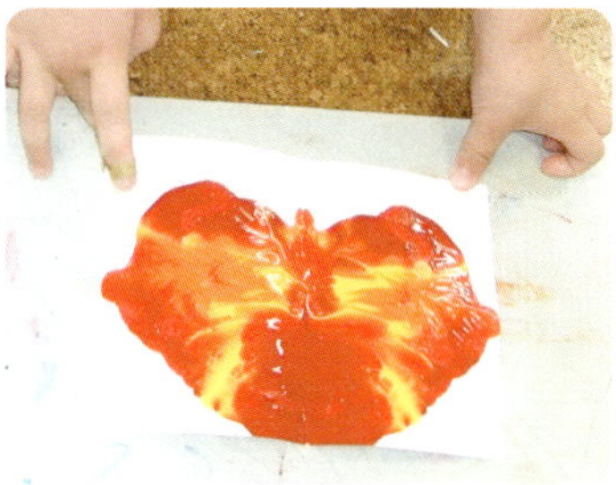

3 転写する

模造紙や新聞紙に、繰り返し転写して遊びます。

「1、2、3、4…4つもうつったよ！」

手のひらでしっかり押さえて、そっとめくります。

4 乾かす

ひもに洗濯バサミを使って干していきます。

転写することで、画用紙の表面の絵の具が取れて、流れ落ちる心配がありません。

活動のPOINT

柱や窓枠などを利用し、子どもの手が届く高さにひもを張ります。作品でひもがいっぱいになったら上に引き上げ、次のひもを下に張っていきます。ひもはかた結びではなく、ちょう結びで外して移動できるようにしておくといいですね。追加していけるようにしておきましょう。

思う存分楽しんで・・・

お部屋の中に、デカルコマニーで作った旗が並びました。

うんどうかいみたいだね

基本 スタンピング（型押し）

身近な素材（野菜や容器類など）を版にして、形を写して遊びます。型押しを繰り返し楽しむだけでなく、並べたり組み合わせたりといった構成を工夫したり、素材の写り方を試したりといった遊びに展開してもいいですね。

基本の準備物
- 画用紙
- 絵の具
- スタンプするもの（野菜・容器類・段ボール・プチプチシート など）
- スタンプ台（トレイ＋スポンジまたは布）

START 1 絵の具をつける

2 紙の上に形を写す

準備物のPOINT

マットを敷く

紙の下に、古いバスタオルや新聞紙の束などマットの代わりになるものを敷くと、クッション性があり、型が付きやすくなります。特に、容器類でスタンピングする場合には、絵の具の含みが少なく、線も細いので、マットの使用をお勧めします。

いろいろな素材を写してみよう！

〈野菜〉 大切な食材です。ていねいに扱うようにしましょう。

オクラ
〔切る位置によって大きさが変わるよ。〕

ジャガイモ、ニンジン、ナスなど
〔包丁などで模様をつけて（保育者）。〕

ナッパ
〔根元を切った跡が、お花のよう！〕

ゴボウ
〔根菜類は、干すと模様ができておもしろい！〕

活動のPOINT

中性洗剤を混ぜる

プラスチック製の容器類やビニール素材（プチプチシート・果物ネットなど）を使用する場合には、絵の具に台所用中性洗剤を少し混ぜておきましょう。絵の具をはじかず、写りやすくなります。

〈段ボール〉

丸めてテープで留めるといろいろな形ができます。絵の具もしみ込みやすく、断面の模様がおもしろい！

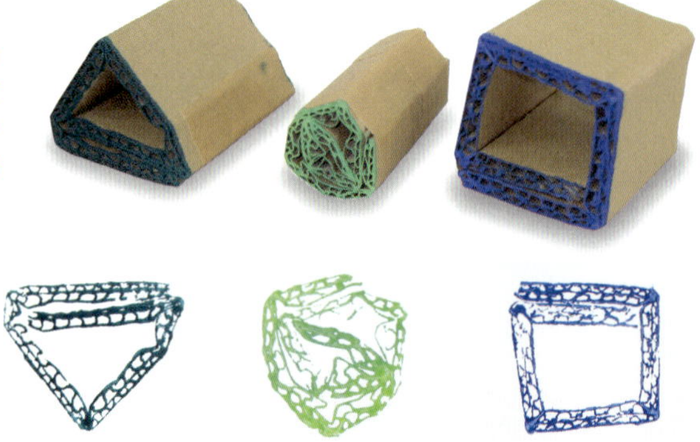

〈容器類〉 容器の底や口の形が写ります。

つないで、飾ろう！ 3歳児

小さい紙に繰り返しスタンピングをし、
テープで留めて飾っていきました。

〈段ボール紙＋α〉

段ボールにネットや毛糸などを両面テープではります。裏に布テープで持ち手を付けると使いやすい！

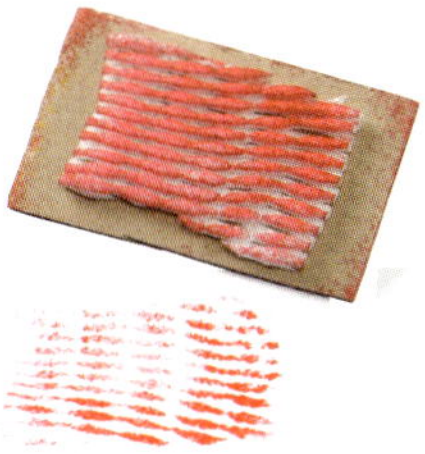

ネット

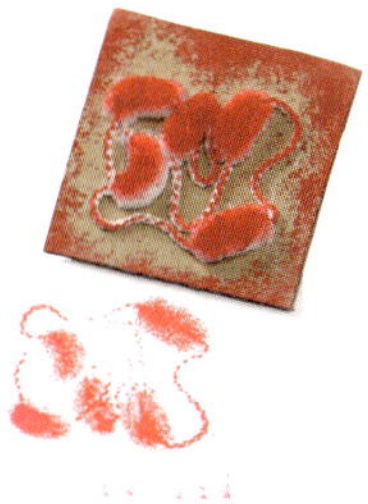

毛糸

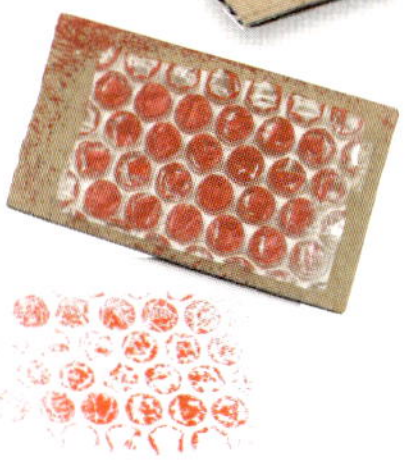

プチプチシート

〈乳酸菌飲料の容器＋α〉

子どもの手に持ちやすいよう、容器に巻いて輪ゴムやテープで留めます。
中にスポンジを入れておくとクッション性もよく、絵の具がつきやすくなります。

プチプチシート

ネット

スポンジ・ネット

こいのぼり 2・3歳児

障子紙にプチプチシートでスタンピング。筒状にして
しっぽはモールで縛っています。

お魚いっぱい泳いでる！ 3・4・5歳児

次のページで… 実践ライブ紹介

実践ライブ

3・4・5歳児

スタンピング（型押し）

お魚いっぱい泳いでる！

魚の形の版に絵の具を塗って、模造紙に写して遊びます。何度も繰り返し写したり、写したものをきっかけにクレヨンやパスで描いたり。楽しい活動に展開します。

用意するもの

- **魚のハンコ**…肉や魚が入って売られているスチレン皿の底を魚の形に切り、布テープで持ち手を付ける。（版画用スチレンボードを使用してもよい）
  人数分より多めに用意する。
- **絵の具**…やや濃いめに溶き、中性洗剤を少し入れる。混ざっても濁らない色の組み合わせにする。
- **パスまたはクレヨン**
- **模造紙**…川や池の形に切っておく。

トレイ

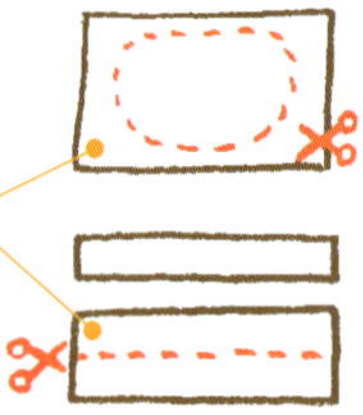

模造紙

導入・ことばがけ例

▶今日は、みんなに、ぺったん、押して写すハンコを用意したよ。

わ〜！　おさかなのはんこだ！

（布テープの部分をつまんで持ち）
▶まずは、筆のコーナーでお魚に絵の具を塗ろうね。
塗ったら、お池や川のところにきて、ぺったん！
両方の手で、しっかり押さえるんだよ。
※活動の内容や流れを伝える
（そっと、持ち上げて、写ったようすを見せる）

おさかなが、うつった！

（繰り返し写しながら）
▶もう1回、もう1回…

わ〜！　またうつったよ！

▶写らなくなったら、また絵の具をつけてね。
※活動の内容を伝える
色を変えてもいいし、お友達と交換しあってもいいね。
※協同の活動に導く

い〜っぱい、およがしてあげよう！

（活動のようすを見て）
▶エサを描いたり、ほかにお絵描きしたくなったら、
クレヨンも用意しているからね。

START

1 絵の具を塗る

魚のハンコに絵の具を塗ります。

絵の具は、混ざっても濁らないよう、赤と青を用意しました。

活動が進むにつれ、2色の絵の具で模様を作ったり、混色したり…。

2 写す

上からしっかり押さえると、形がきれいに写ります。何度も繰り返し写す活動を楽しむ中で、その子なりの「きれい!」を見つけるようです。

両手でしっかり押さえて！

うつった！

わ〜！
きれい！

赤と青の2色使い。

きれいに
ならべるんだ！
むらさきいろの
おさかなも
すてきでしょ

おいけにむかって
さかなが
およいでるの

つぎはどれに
しようかなあ

お魚のハンコは多めに作っておいたので、違う形を探したり、交換し合ったり、会話も弾み、楽しい活動になりました。

川や池に見たてた模造紙は、初めからすべて床にはっておくのではなく、子どもの活動の展開に応じて、広げていきましょう。

わ～！
もっとこっちにも
かわをつなごうよ

紙をつなぎ保育室いっぱいに広がり、ついには、ドアから出て、ホールまで広がりました。

3 パスで描く（4・5歳児）

写した魚をきっかけに、イメージを広げ、描きます。

「あわがブクブク…」
「ひとでやきれいなかいもいるよ」

「おさかなのかぞくが、へやにもどってエサをたべているの」

活動のPOINT

臨機応変な対応を

パスで描く活動に展開していたので、絵の具は、じゃまにならないよう隅にまとめて置いていました。しかしこの子にとっては、水を表現するのに絵の具が必要だったようです。急きょ、隅に置いていた絵の具に水を足して薄め、絵の具での表現もできるようにしました。

「ならんでおよいでるの。よるになっておほしさまもいっぱい！エサもあげなくっちゃ」数人が入れ替わりながら描きました。

「おみずのなかをさかながおよいでるよ」といって、巡るような線を筆で描いていきました。

基本 染め紙

紙を色水につけ、染めて遊びます。障子紙などの和紙は吸水性に優れ、水にぬれても破れにくく染め紙に適しています。1色だけでもいいですが、紙を折ったりねじったりして、色を変えながらつけると、きれいな模様ができます。いろいろ試して遊んでみましょう。

基本の準備物

- 障子紙
- 絵の具
- 子ども用バケツ

START

1 障子紙を2～3回折る

2 角を色水につけ、容器の側面に押しつけて水を切る

3 それぞれの角を色水につける

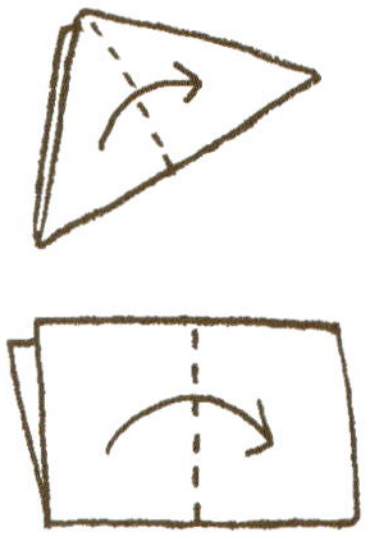

準備物のPOINT

色水の濃度と色作り

色水の濃度は薄すぎると模様がはっきり出ません。また濃すぎると、手が泥んこになり、紙も汚れます。必ず事前に試しておきましょう。白の混色(ピンク・水色　など)は避け、赤や青を水で薄めたほうが、濃度も薄く透明感があり、きれいです。

色水の量

入れすぎるとこぼす原因になります。砂場遊びなどで使う子ども用のバケツの場合、底から3分の1程度まで色水を入れておきます。少なくなったらつぎ足しましょう。濁ってきた色水は取り換えてもいいですが、渋い色合いも草木染めのような風合いで美しいです。

色水の並べ方

隣り合う色同士は混ざっても濁らないように色水を配置することで、多少の混色もだいじょうぶです。

黄　橙　赤　紫　青　緑　黄緑

活動のPOINT

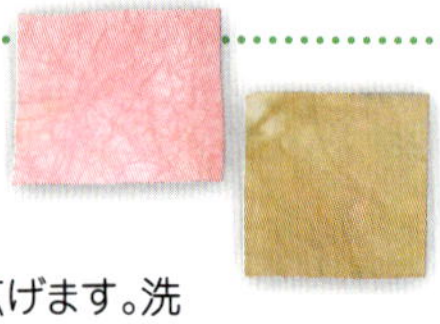

発達に合わせた取り組みを

★2・3・4歳児　「おせんたくしよう！」

色水の中に障子紙をつけ、ギュッと絞って広げます。洗濯バサミを使ってひもに干していくと、本当にお洗濯をしているようです。初めは好きな色1色だけで染めますが、そのうち、1枚の紙を2色以上の色水につけ、混色を楽しみます。色水も濁ってきますが、渋い色になってもOKです。

★4・5歳児　「模様の紙を作ろう！」

折り方を工夫したり、紙の形を変えたりすることで、いろいろな模様作りが楽しめます。

繰り返し活動を楽しむために

★新聞紙に挟んで重ねていく

新聞紙に名前をはっておけば、ひとりひとりの作品がわかりやすいですね。ある程度、新聞紙が水分を吸い取ってくれますが、後で広げて干しておきましょう。

★洗濯バサミを使って干す

みんなの作品が万国旗のように並び、きれいですね。(P.28実践ライブを参照)

折り方を工夫してみよう

三角や四角に折るのが基本ですが、階段状に折るなど折り方を工夫したり、ねじって絞ったりしてもおもしろいですね。

三角に折って

四角に折って

折り方を変えて

握って丸めてしわに

細く畳んだ紙をずらしながら染めて、ねじって絞りました。

紙の形や大きさを変えてみよう!

正方形の紙だけでなく、細長い紙や丸い紙など、形を変えてもいいですね。

丸い紙に

細長い紙に

いろいろな題材紹介

行事の製作などに使ってもいいですね。

七夕飾り 4・5歳児

染め紙を階段状に折って着物に！　広がったすそがすてきな織り姫、彦星です。

七夕飾り 4・5歳児

模様や色の組み合わせを楽しみながらつないでいきましょう。

おひなさま 4・5歳児

ころんとかわいいおひなさま。優しい色合いの着物がよく似合います。

花びん 2歳児～

ペットボトルを染め紙で包んでいます。低年齢児は保育者が手伝いましょう。

きれいな色に染まったよ！ 3・4・5歳児

次のページで… 実践ライブ紹介

実践ライブ

3・4・5歳児

染め紙

お天気のよい日には、園庭で染め紙を楽しむのもよいでしょう。染めた紙は、ひもを張り洗濯バサミで留めて乾かします。繰り返し活動が楽しめるよう、十分な量の障子紙を用意し、ひもを張る場所を確認しておきましょう。みんなの作った染め紙が、旗のように風に揺れてきれいです。

きれいな色に染まったよ！

用意するもの

- **障子紙**…14×14㎝程度の大きさ。ひとり20枚程度
- **絵の具**…子ども用のバケツに薄く溶いて入れておく。7色程度
- **子ども用バケツ**
- **ひも**
- **洗濯バサミ**…ひとり20個程度
- **ぞうきん**

START 1 障子紙を折り畳む

障子紙を三角または四角に数回折り畳みます。

2 ①を色水につけて染める

折り畳んだ障子紙の角を、色水につけます。

バケツの側面に押しつけて水を切ると、垂れにくくなります。

▶

3 広げて干す

広げた障子紙を干して、洗濯バサミで留めます。

▶

導入・ことばがけ例

▶今日は、とってもいい天気だね。
色水できれいな模様の紙を作って、遊ぼうと思うんだけど。
（やって見せながら）

まずは、この紙を四角か三角に折るね。
それから、折った紙の角を色水につけて
＊活動の内容や流れを伝える

バケツの縁でギュ～ッと押さえて垂れないようにするね。
＊活動の注意点を伝える

次は何色にしようかな？

「あか」「あお」「むらさき」…

▶じゃあ順番につけて、ギュ～ッて押すね。そっ～と広げるよ！

わあ！　きれい!!

▶できたら、洗濯バサミで留めて、ひもに干していこうね。
＊活動の内容や流れを伝える

うん！　おせんたくものみたいだね。

▶たくさん用意したから、きれいな紙をい～っぱい、作ろうね。

活動のPOINT

低年齢児の場合には、折らずにそのまま色水につけ、ギュッと手で絞ってもいいですね。お洗濯のつもりになって遊べます。

4 繰り返し活動を楽しむ

活動のPOINT

★障子紙は一度にすべて出すのではなく、乱雑に使ったり汚れたりしないよう、少しずつ補充していきましょう。
★ひもをたくさん張れるよう、園庭の環境を確認しておきましょう。

子どもたちの作品＋活動のようす

いろいろな模様がいっぱい。カラフルできれいです。

最後は、いろいろな色につけて泥んこに!
でも、なんだか渋くてきれいです。

カラフルな染め紙と黒い影のコントラストが、とてもきれいです。

折り方を工夫して

「折り方を変えたらどうなるんだろう?」子どもたちの発想は、どんどん広がります。

かいだんに
おってみたよ

基本

絵の具のにじみ絵

水で湿らせた紙に絵の具を置くと、ふわっと広がり、にじんでいきます。1色だけでも濃淡の美しさが味わえますが、ほかの色も加えることで、隣り合ったところが混色し、また違った楽しさがあります。

基本の準備物

- 画用紙
- 絵の具
- 水
- カップ
- 筆

START

1 紙の中央にカップで水を垂らし、手で広げる

2 筆などで絵の具を置いていく

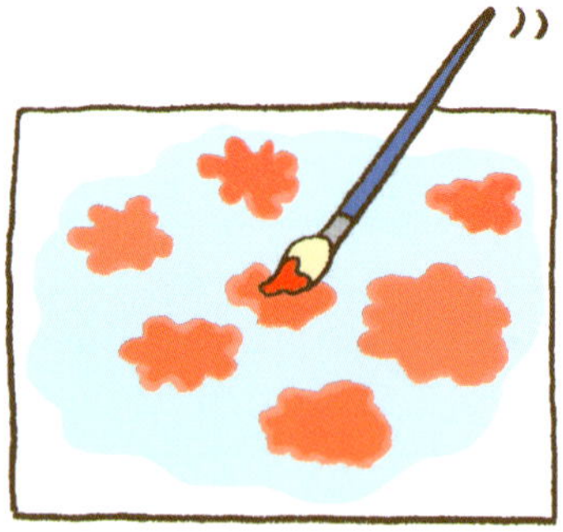

活動のPOINT

色の組み合わせ方

混ざってもきれいな色合いを組み合わせましょう。

OK

混ざってもきれいだよ。

赤・黄色

青・紫・ぼたん色

緑・黄色

NG

混ざったら濁るよ。

赤・青・黄色の3原色の組み合わせ

赤と緑、黄色と紫、青と橙など補色の関係にある色の組み合わせ

いろいろな題材紹介

夕焼けのお空に！ 4・5歳児

大きな紙に、みんなで水を張って絵の具をにじませました。水が乾いてきて、にじまなくなったら、霧吹きでシュッシュ！　でき上がった夕焼け空は、乾かしてから壁にはり、みんなで話し合いながらイメージを広げ、作ったり描いたりを楽しみました。

トンボがならんで
とんでいるよ
ことりも
うれしそう！
どうぶつたちや
いろいろなむしも
やってきたの！

フルーツポンチ 3歳児

水を張った画用紙の上に、フルーツに見たてた絵の具を置いていきました。

アジサイ 5歳児

丸い形に筆で水を張り、その中に絵の具でアジサイ色を入れていきました。

こいのぼり 4・5歳児

赤と黒のコントラストがきれいです。

こいのぼりが
ならんでいるよ！

キッチンペーパーを使って、絵の具のにじみ遊びを楽しみました。その紙を使ってこいのぼりに！

魔法のお水だよ！ 3・4・5歳児

次のページで … 実践ライブ紹介

実践ライブ

3・4・5歳児

絵の具のにじみ絵

画用紙に水を塗り、絵の具をつけた綿棒で描きます。にじんでいく絵の具のようすや、にじんでできる不思議な形に興味を持ちながら、落ち着いてゆっくり活動が楽しめるようにしましょう。できた形を何かに見たて描き加えてもいいですね。

魔法のお水だよ！

用意するもの

- **白画用紙**…8ツ切りの4分の1サイズ、ひとり8枚程度
- **絵の具**…赤、青。濃いめに溶き、カップに入れておく
- **墨汁**…原液を使用。カップに入れておく
- **綿棒**
- **水入れ（筆洗いバケツ　など）**
- **太筆**…人数分
- **ぞうきん**

導入・ことばがけ例

▶魔法のお水を持ってきたよ。

ねぇねぇ、どんなおみず？

▶騒がしいと魔法が効かなくなるから、静か～に！ し～っだよ。
※興味・関心を誘う
グループごとに見せてあげるね。
順番に待ってられるかなあ？

うん、まってるから。だいじょうぶ

▶じゃあ、1番のグループからいくね。
まずは、魔法のお水を、画用紙の上に筆で塗ります。
次に、綿棒で絵の具をチョン！ とつけると
※活動内容を伝える

わ～!! きれい！ まほうだ!!

▶しっ～！ 静かに！ 魔法が効かなくなる！（小さな声で）
ていねいに、そっとね。2枚目もやってみたかったら、
白い画用紙を取って、自分で始めてね。
※繰り返しの活動を促す
紙も、魔法のお水も、絵の具も大事に使うんだよ。

りょうかい！

▶じゃあ、次のグループさんが待ってくれているから、行くね。

START 1 画用紙に水を塗る

太筆に水をたっぷり含ませて、画用紙の上に水を塗ります。

ゴシゴシこすらず、そっとなでるように、水を塗っていきましょう。水で形を描いてもいいですね。

2 綿棒で絵の具をつける

水を塗った画用紙の上に、綿棒で絵の具をつけると、絵の具が広がり、にじみます。

活動のPOINT

乱雑にならないように、環境を整え、落ち着いて活動ができるようなかかわりを心がけましょう。

3 繰り返し活動を楽しむ

にじませた紙を画板の上に並べ、新しい紙を取って繰り返し活動を楽しみます。

4 イメージを膨らませ描く（5歳児）

にじんでできた形を、何かに見たて、綿棒で絵を描いてもいいですね。

子どもたちの作品＋活動のようす

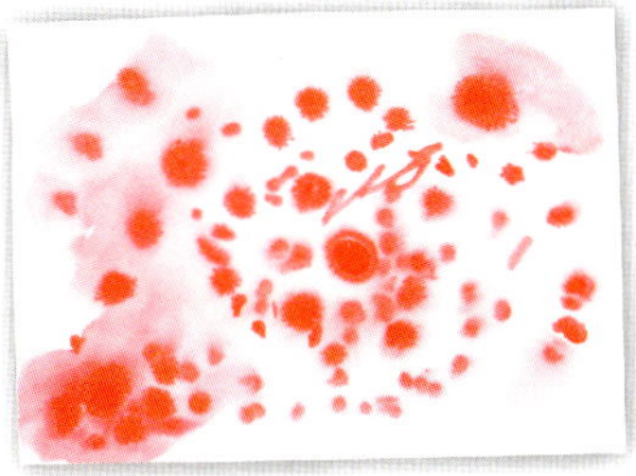

「あかいいろがおきにいり！」
絵の具の中では、赤色がいちばんよくにじみます。

「あかとくろが、すごくよくにじむよ！」微妙なにじみ方の違いに気づいたようです。

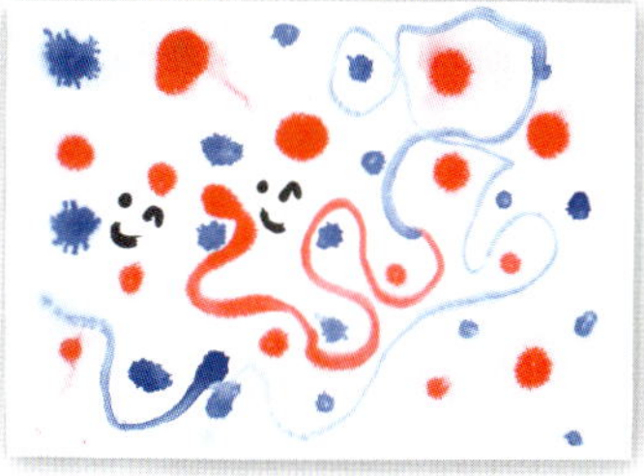

「みずたまりのなかのめいろだよ」

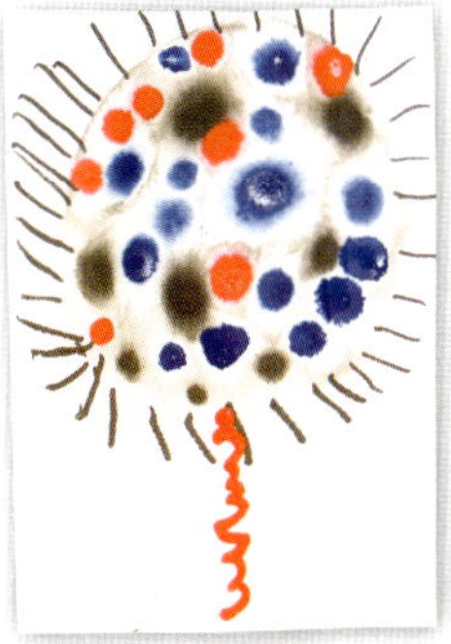

「ヒューンとおおきなはなびがあがったよ！」

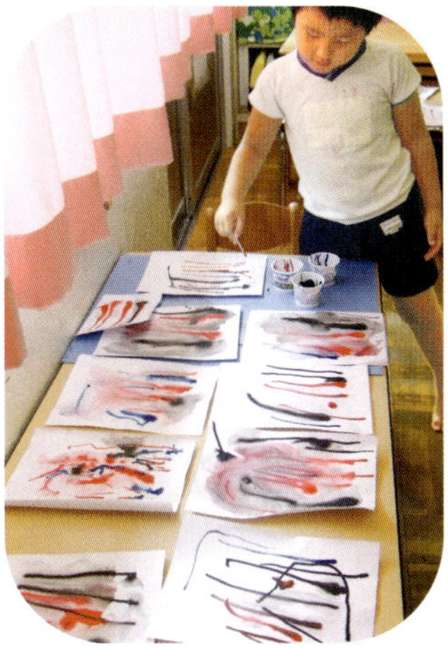

「ぼくのおきにいりがいっぱい！」
絵の具のにじむようすがおもしろく、何枚も何枚も繰り返し楽しみました。

「おはなだよ」

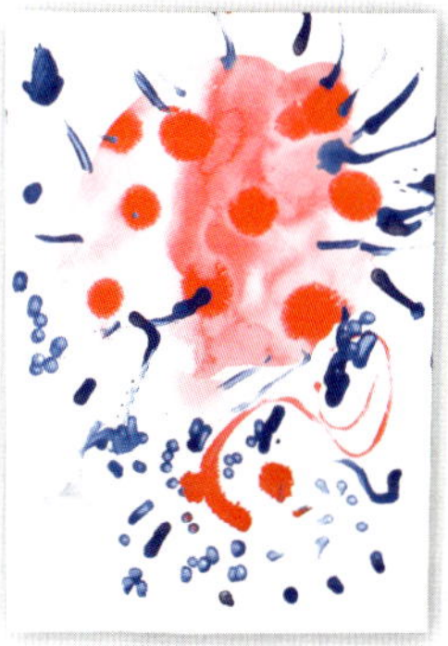

「ヒューン！　パンパンパン…ぼくのはなびがあがったよ」

「チョウチョウと、おはなと、テントウムシ！」

「みずで、はなびのえをかいておくんだ」
絵の具をつけると、水で描いた形が浮かび上がることに気づいたようです。ひとつずつ、ていねいに花火をしあげていきました。

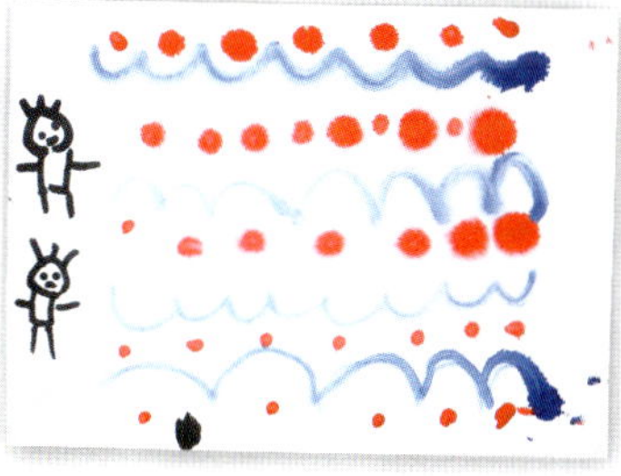

「やさしいなみだよ」

「ペロペロキャンディ」

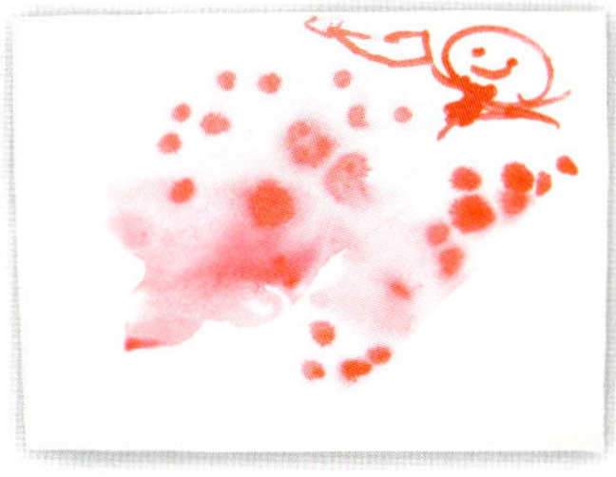

「あかいみずたまりなの」

「うみのなかのいきもの」

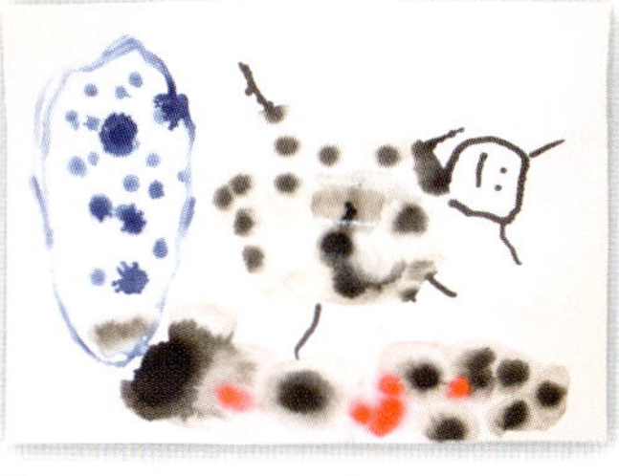

「むしがうまれたよ！」

基本

ビー玉ころがし

箱の中に絵の具をつけたビー玉を入れ、転がして遊びます。転がった軌跡に絵の具がついて線の模様ができます。色を変えたり、ビー玉の数を増やしたり、障害物を作ったりといろいろな楽しみ方を工夫しましょう。ビー玉以外にも転がすものを探してみるのも楽しいですね。

基本の準備物

- 画用紙
- 箱
- 絵の具
- スプーン
- カップ
- ビー玉

START

1 絵の具の入った容器にビー玉を入れ、スプーンで混ぜて色をつける

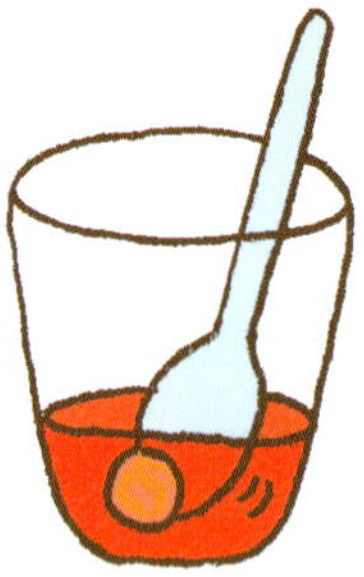

2 スプーンでビー玉を取り出し、箱に入れる

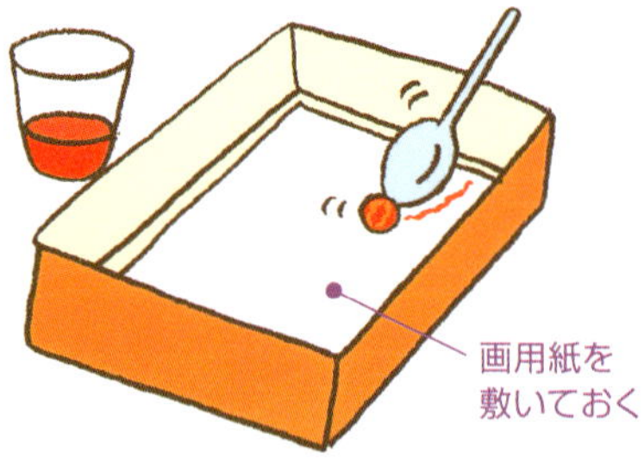
画用紙を
敷いておく

3 ビー玉を転がす

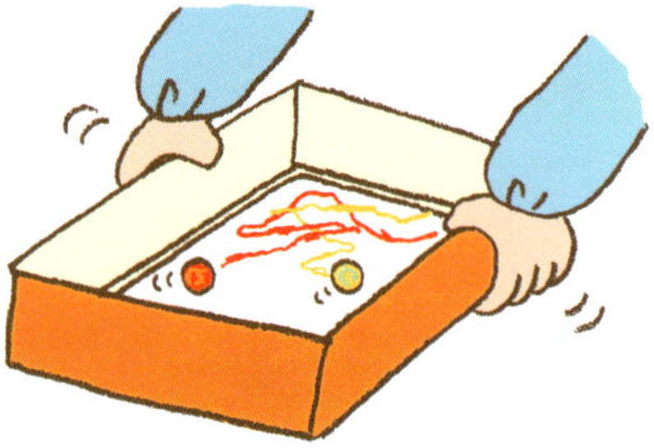

準備物のPOINT

★絵の具に中性洗剤を少量混ぜておくと、はじきにくく、ビー玉に絵の具がつきやすくなります。
★絵の具は混ざっても濁らない色を用意しましょう。

ひとつのビー玉でゆっくり転がすのもいいですが、数個のビー玉を一度に入れても楽しいですね。ドングリをたくさん拾ってきたときなどに試してみてください。

箱の作り方

適当な大きさの箱が集まりにくい場合には、画用紙やボール紙で、箱を作りましょう。

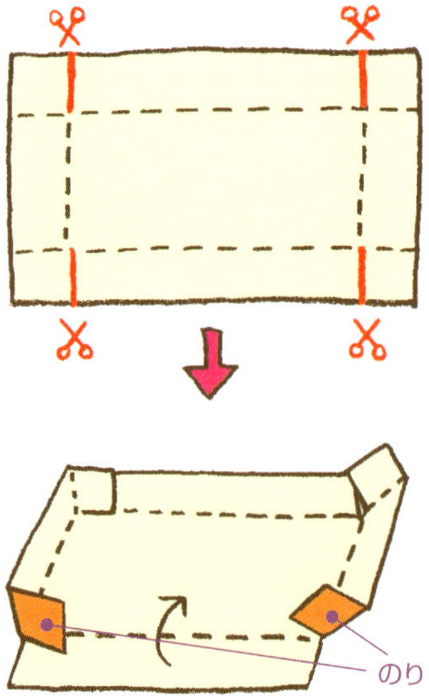
のり

転がすもの

いろいろなものを試してみると楽しいですね。

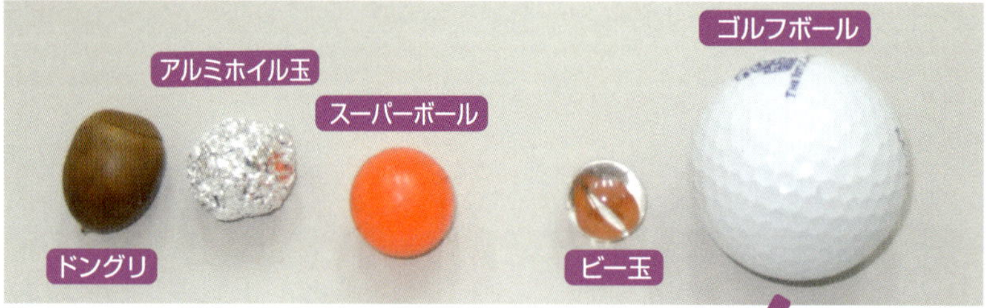
ゴルフボール
アルミホイル玉
スーパーボール
ドングリ
ビー玉

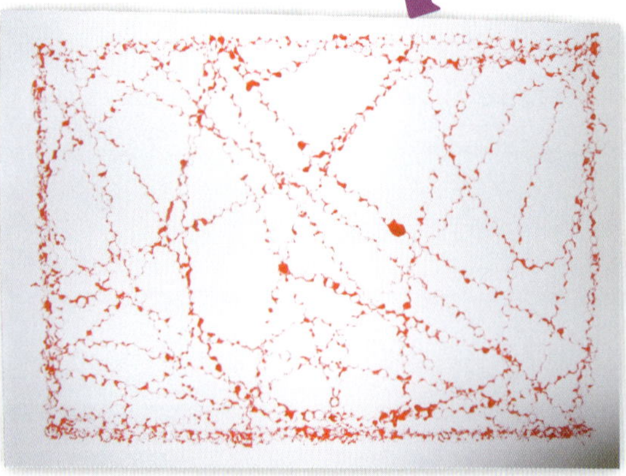

ゴルフボールは、表面の型が写っておもしろいですね。

トンネルをはった箱でビー玉転がしをして楽しみました。絵の具が乾いてから、描いたり作ったりしたものをはり、お話作りに展開！

トンネルの上にはって立体感を出すのもいいですね。

オニさん 3歳児

持ちやすいよう箱を使い、底に画用紙を敷いています。丸い紙にペンで鬼を描き、はりました。

雪だるま 4歳児

雪だるまの白が映えるよう濃い色の画用紙を使っています。絵の具も白を中心にパステルトーンの色を用意しました。

ドングリ 5歳児

秋のイメージに合った色合いでまとめています。拾ってきたドングリに絵の具をつけて転がし、乾いてからドングリや葉っぱを作ってはりました。

壁面に飾る 1・2歳児

箱の底に敷いていた紙を取り出し、少しずらしてはりました。箱の周りには、フラワーペーパーを丸めてはっています。

こいのぼり 3歳児～

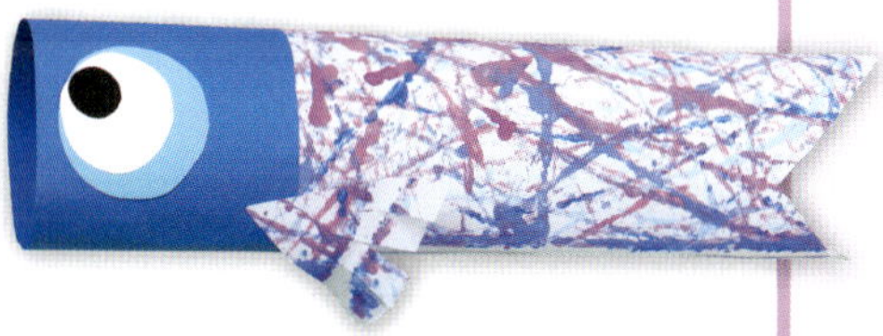

トンネルを通ってコロコロ… 3・4・5歳児

次のページで … 実践ライブ紹介

実践ライブ

3・4・5歳児

ビー玉ころがし

帯状の紙を使って箱の中にトンネルを作り、絵の具をつけたビー玉を入れて転がします。トンネルを作ることでビー玉が通るコースができ、通った後には絵の具の軌跡もつくことで、転がす遊びがいっそう、楽しくなります。

トンネルを通ってコロコロ…

用意するもの

- **白画用紙(8ツ切り・厚口)**…ひとり1枚
- **帯状の色画用紙**…2〜3cm幅
- **ビー玉**
- **絵の具**…濃いめに溶き、カップに入れておく
- **スプーン**
- **ぞうきん**
- **のり**
- **ハサミ**

導入・ことばがけ例

▶(箱の中にビー玉を入れて転がしながら)今日は、みんなでビー玉転がしを作って遊びます！

わあ！　おもしろそう。やってみたい！

▶じゃあまず、箱を作ってみようね。(作り方P.34参照)箱ができたらビー玉を配るね。(ビー玉を箱の中に入れる)

箱を斜めにしたら、コロコロ転がるよ

▶飛び出さないようにそっとね。
＊活動上の注意を促す
この細い紙でトンネルを作るともっと楽しくなるよ。こんなふうに紙の端を折って、箱の中に立ててはってごらん。紙の折り方を変えるといろいろなトンネルができるね。
＊構想を促す

かみをきってみじかくしたら、ちいさなトンネルができた！

▶トンネルをたくさんはったら絵の具の置いてある机のところに行ってみて。カップの中にビー玉を入れて、絵の具がついたらスプーンで取り出してね。箱に入れたら、転がしてみよう！
＊活動の流れを伝える

わあ、すごい！　ころがったところがせんになってみえるよ！

▶色を変えて何回もやってみようね。
＊繰り返しの活動を促す

START

1 箱を作る

画用紙の4辺を折り上げて箱を作ります。(P.34「箱の作り方」参照)

箱ができたら、ビー玉を入れて転がしてみましょう。コースを作ることの意味がわかります。

2 箱の中にトンネルを作る

帯状の紙の両端を折り、のりをつけて、箱の中にはります。

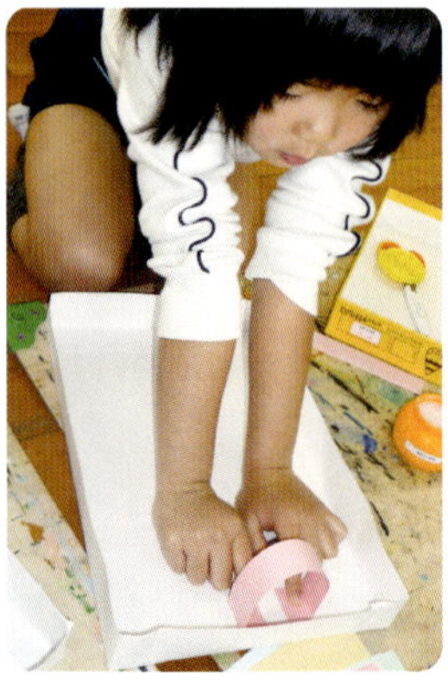

ビー玉を転がしながら作ると、イメージが広がりやすいですね。

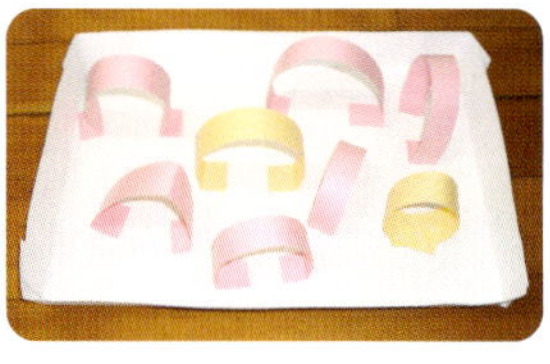

3 ビー玉に絵の具をつけて転がす

絵の具の入ったカップにビー玉を入れ、色をつけたらスプーンですくって取り出します。

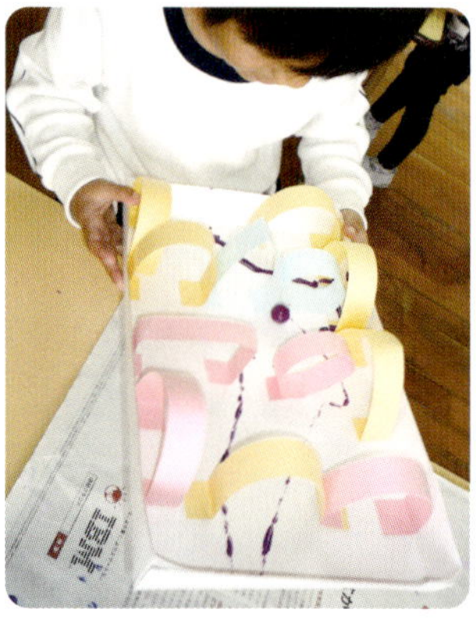

ビー玉を箱の中に入れてコロコロ…。

子どもたちの作品＋活動のようす

トンネルのなかを
とおるんだよ！

「わあ、きれいな色！」転がしたビー玉を思わず手に取ってしまいました。

活動のPOINT

絵の具の濃度

…水を少なく濃いめに溶きます。絵の具をはじいてつきにくい場合には台所用中性洗剤を少量加えましょう。

絵の具の色

…混ざっても濁らない色を組み合わせ、机ごとに異なる配色にします。

子どもたちは、好きな色の組み合わせを選び、ビー玉転がしを楽しみました。

（使用した絵の具）
青、赤、ピンク

みてみて！
きれいでしょ！

（使用した絵の具）
水色、緑、黄緑

ビー玉転がしを楽しんだ後、丸い紙にペンで絵を描いてはりました

箱の中には、ひとりひとりが作ったルールやお話が詰まっています。

「ビーだまをいっぱーいころがしたよ。おもしろかったよ」

（使用した絵の具）
赤、黄色、ピンク、橙

「おともだちとぼくのおかおをかいたよ」

（使用した絵の具）
紫、青、黄緑、水色

「おしゃれしておでかけしたら、ウサギさんにあったの。それからね…」

（使用した絵の具）
青、ピンク、薄紫

基本 ローリング（ローラー遊び）

ローラーに絵の具をつけ、転がして遊びます。まずはローラーを使うことが楽しめるよう、じゅうぶん遊んで扱いに慣れるようにしましょう。型紙や葉っぱを置いて転がすと、形が抜けステンシルの技法が楽しめます。

基本の準備物

- 紙
- 絵の具
- ローラー
- 練り板

START

1 練り板（トレイなど）に絵の具を出し、ローラーでむらなく伸ばす

練り板の上部に絵の具を出し、少しずつローラーにつけて転がし、均一になるまでよく伸ばしましょう。

2 紙の上でローラーを転がす

準備物のPOINT

絵の具の濃度

絵の具は水で薄めず、基本的には原液のままで使用します。しかし古くなり固まっている場合には、新品の絵の具の濃度を参考に、水で溶いてトロトロの状態にしてください。

形を写してみよう

❶ 木の葉など写すものを紙の上に置き、その上から、絵の具のついたローラーを転がします。

❷ 木の葉がローラーにくっつき、転がしていくと、繰り返しの模様ができます。

❸ 色が薄くなってきたら、ローラーについた葉を取って…

❹ 再びローラーを転がすと…今度は葉の部分が浮かび上がります。

完成

何色か重ねてもキレイ!

いろいろなものを試してみよう!

〈木の葉〉
サクラやモミジの葉っぱなど、薄くて柔らかい葉が適しています。固い葉はローラーにつきにくく、すぐに外れてしまいます。

〈毛糸〉
ローラーに絵の具をつけ、転がしながら巻きつけます。

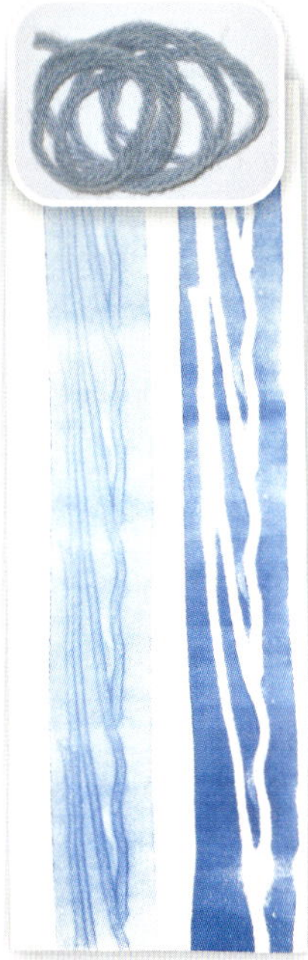

〈ネット〉
柔らかい素材のネットを切って使いました。

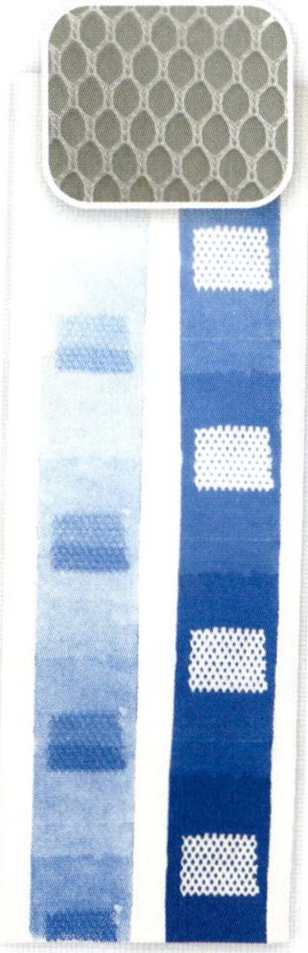

〈形を作って〉
コピー紙や新聞紙、折り紙など薄い紙で作ると、ローラーにつきやすいです。ローラーの幅より小さいサイズで作りましょう。

形を作って

飾り切りをした紙で

いろいろな 題材紹介

こいのぼり
4・5歳児

マスキングテープをはった紙の上にローラーで色を塗りました。テープをはがすとテープの跡がくっきり！

お魚
5歳児

シート状のシールを魚の形に切って画用紙にはり、ローラーで絵の具をつけて型を抜きました。抜けた形の中にペンで描いています。

型を抜いて遊ぼう！ 4・5歳児

次のページで 実践ライブ紹介

実践ライブ

4歳児

ローリング（ローラー遊び）

マスキングテープを使い、模造紙に四角い紙をはります。ローラーで絵の具をつけた後、マスキングテープをはがし、四角い紙を取り除くと、くっきり形が抜けて浮かび上がります。抜けた形からイメージを広げ、ペンで、絵を描きましょう。

型を抜いて遊ぼう！

用意するもの

- **模造紙（白）**…5人に1枚程度
- **色画用紙**…クリーム色、8ツ切りの4分の1サイズくらい、ひとり3枚程度
- **絵の具**…水で溶かずそのままで使用
- **ローラー**…人数分
- **練り板**
- **マスキングテープ**…人数分
- **新聞紙**
- **ぞうきん**

導入・ことばがけ例

▶（マスキングテープを見せながら）
このテープは手でちぎれるテープだよ。
（マスキングテープのちぎり方を伝える）
黄色い紙を模造紙にはってみようか。
＊活動内容を伝える

ちいさくちぎってペタペタ…

ながいテープをはるよ

（色画用紙を貼り終えたのを確認してから）
▶今度は、ローラーで絵の具を付けて、黄色い画用紙の上に塗っていくよ！　＊活動内容を伝える
（ローラーの使い方を伝える）

きいろいがようしを、かくしちゃえ！

テープもかくれるよ！

▶そろそろ、みんな隠れたようだから、めくってあけてみようか！
＊活動内容を伝える
そっと、ていねいにテープをはがしてね。
＊活動上の注意を促す

わ～！　しろいかみがでてきたよ！　テープのあともおもしろい！

▶はがした紙やテープは新聞紙の上に置いていってね。

START 1 マスキングテープで紙をはる

マスキングテープを使い、白い模造紙の上に色画用紙をはっていきます。

活動のPOINT

マスキングテープの使い方

マスキングテープの使い方はていねいに指導しましょう。事前に取り組んでおいてもいいですね。

親指と親指をつき合わせて、ねじりながらちぎります。

長いテープをはるときには、紙にはってからちぎります。

2 ローラーで絵の具をつける

絵の具は「チョン！」とつけて、コロコロ…。

活動のPOINT

練り板の上部に絵の具を出しておきます。ローラーで絵の具を少しずつ取って、練り板の上で縦横に転がし、絵の具を均一にしてから使いましょう。

きいろいがようしをかくしちゃえ！

3 マスキングテープをはがし、紙をめくる

マスキングテープや紙の形が抜けて、浮かび上がります。

わ〜！
しろいかたちが
でてきたよ！

テープのあとも
おもしろい！

子どもたちの作品＋活動のようす

はっていた黄色い画用紙も、マスキングテープをはがすと、きれいな線の模様ができていました。

新聞紙などを広げ、はがした色画用紙やテープを置く場所を決めておきましょう。

きれいだな〜。
ちゃんと、ならべて
おこうっと。

みんなで描いたよ

絵の具が乾いてから、みんなで絵を描きました。テープをはがした跡の細い線も、おもしろかったようです。

「ツルがのびておはなもさいたよ！
ほそいところは、むしのとおりみち。
はしごもかかっているんだよ」

基本

絵の具の重ね塗り・重ね描き

濃いめに溶いた絵の具を使い、絵の具の感触を楽しみながら重ね塗りや重ね描きを楽しみます。下に塗った色が完全に乾いていない場合には、多少混色したりにじんだりしますが、下に塗った色と塗り重ねる色の組み合わせを工夫すると、かえってよい効果が表れます。

基本の準備物

- 画用紙
- 絵の具
- 絵の具カップ
- 筆
- 画板
- ぞうきん

START

1 絵の具を塗り広げながら、形を描く

少量の水で溶き、濃いめの絵の具を用意しましょう。

2 次の色を塗り重ねて描く

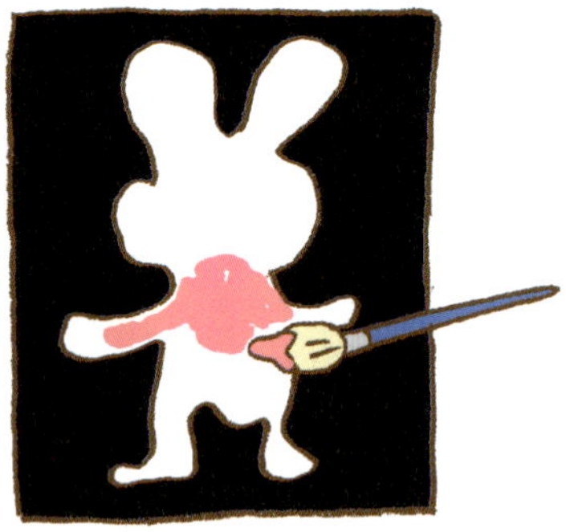

活動のPOINT

乾くのを待って描く

顔を描く場合など、にじんで困るところは、乾くのを待って描くよう、言葉をかけましょう。

乾かないうちに塗り重ねる

下に塗った色と混ざって、絵の具特有の混色の効果が表れます。絵の具の感触を楽しみながら描きましょう。

いろいろな題材紹介

食べ物に見たてて。

おこのみやき
3・4歳児

鉄板の形に見たてた画用紙の上に。

パフェ
4・5歳児

色画用紙で作った容器をはって。

ピザ
4・5歳児

丸や三角に切った段ボールに。

ショートケーキ
4・5歳児

小さく切った紙をショーケーキに見たてて。

ケーキ
4・5歳児

スポンジケーキの色を塗り広げ、その上にチョコレートの色を塗り重ねたり飾り付けをしたり。

肌の色を塗り広げ、その上にいろいろな色の絵の具を塗り重ねています。

はだかの王様
4・5歳児

サンタクロース 4・5歳児

楽しかったよ！ 運動会
4・5歳児

ゆきだるまの
ペンキやさんだよ

雪がいっぱい
4・5歳児

白の絵の具で描いてから、いろいろな色の絵の具を重ねていきました。

ゆきのせいがジェット
コースターにのってるの

おしゃれな雪ウサギ 4・5歳児

次の
ページで … 実践ライブ紹介

実践ライブ
4・5歳児

絵の具の重ね塗り・重ね描き

おしゃれな雪ウサギ

白の絵の具で描いたウサギにカラフルな絵の具を塗り重ねます。絵の具の感触を楽しみながら、おしゃれな洋服を着せたり、周りのようすを描いたり、イメージを膨らませながら描いたりすることを楽しみましょう。

用意するもの

- **色画用紙**…4ツ切り。赤・紫・緑・青など
- **絵の具**…白・水色・黄・黄緑・ピンク・薄紫など。濃いめに溶いておく。
- **絵の具カップ**
- **筆**…太筆、中筆
- **画板**
- **パスまたはクレヨン**
- **ぞうきん**

導入・ことばがけ例

▶ウサギさんの赤ちゃんが生まれたねえ。
※経験を振り返るように促す

ちいさくってかわいいよ。まいにち、みにいくよ!

▶この白い絵の具でウサギさんを描こうか。

おかあさんウサギもかいてあげる!

▶こうして塗りながら　ウサギさんの長いお耳や小さいしっぽも描こうね。(やって見せながら)
※活動の内容を伝える
筆がかすれてきたら、また絵の具をつけて、お筆の先をカップの縁でゴシゴシ…。
ウサギさんにおしゃれをしてあげようか。喜ぶと思うよ。
きれいな色を白の上に重ねて描くと、お洋服を着ているみたいになるよ。 ※描画材料の使い方を伝える

しましまのようふくよろこぶかなあ?

わたしはボタンのいっぱいついたワンピースきせてあげる!

▶周りにもパスや絵の具でお話を描いてね。
※発想を引き出す

おしゃれをしておでかけするところをかこうかなあ

START

1 白色の絵の具でウサギを描く

白色の絵の具で塗りながら、ウサギを描きます。

2 いろいろな色の絵の具を塗り重ねる

白色の絵の具が乾かないうちに、洋服などを塗り重ねていきます。

活動のPOINT

★目や口など、にじんで困るところは、絵の具が乾いてから描きましょう。
★洋服などは乾かないうちに塗り重ねてもOKです。白色の絵の具と混ざり合って濃淡ができたり、にじんだり、絵の具の感触を楽しみながら描きましょう。

3 イメージを広げ、パスや絵の具で描く

おようふくのいろ、しろのえのぐとまざってきれいでしょ

顔の中は絵の具が乾くのを待って、パスで描きました。待っている間に、周りのようすを描き加え、「もうかわいたかなあ?」と自分で確かめながら描いていました。

子どもたちの作品

「ゆきがいっぱいふってきたよ」

「ニンジンとジャガイモをなげて、キャッチしたらたべるんだよ！
おうちのやねには、ぼうはんカメラがついているんだ」

「ウサギのかぞくが、バスにのっておでかけ」

「おしゃれをしておでかけ。しましまのおようふく、かわいいでしょ！」

「キャベツばたけのウサギさん」
絵の具だけで描きました。

家の中のようすを、白色のパスのみで描きました。
シンプルできれいですね。

「ウサギのおやこがなかよくくらしているの」

基本

バチック（はじき絵）

パス（クレパス、パステラ　など）やクレヨンは、水に溶けず、絵の具をはじく性質があります。この特徴を生かした技法が、バチック（はじき絵）です。絵の具は水を多めに入れ、薄く溶いておきましょう。

基本の準備物

- 画用紙
- 絵の具
- パスまたはクレヨン
- 筆
- カップ

START

1 パスやクレヨンで描く

2 描いた上から、絵の具を塗る

絵の具の水加減

濃すぎ　　適度　　薄めすぎ

準備物のPOINT

ピンクや水色などを作る場合には、白色の混色は避け、赤や青に水を加えて色を薄めてください。はじきやすく、透明感もありきれいです。

OK 赤を水で薄めたもの

NG 赤+白

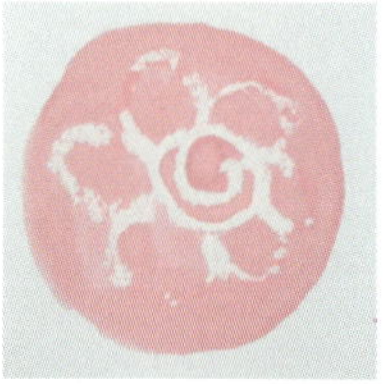

パスと絵の具の色の組み合わせ方

（パス）薄い色
＋
（絵の具）濃い色

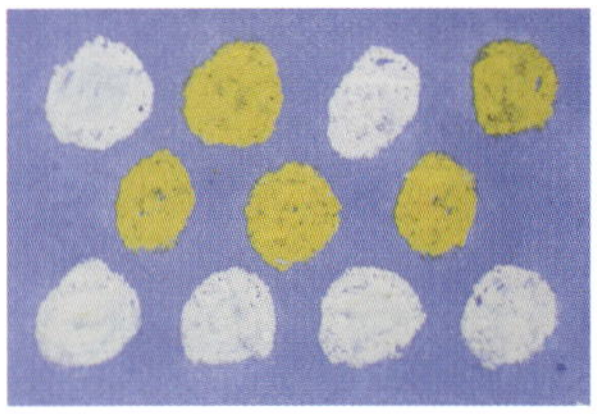

（パス）寒色
＋
（絵の具）暖色

（パス）寒色
＋
（絵の具）寒色

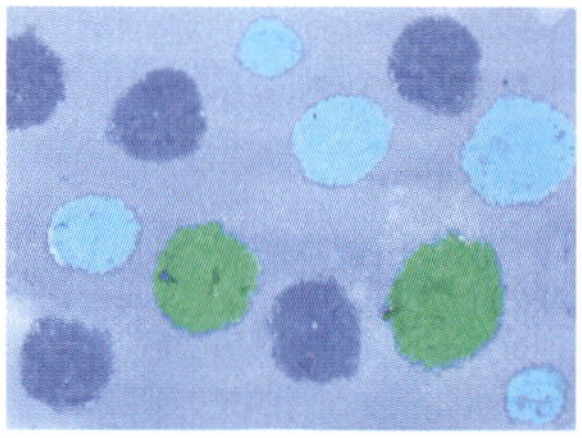

（パス）暖色
＋
（絵の具）暖色

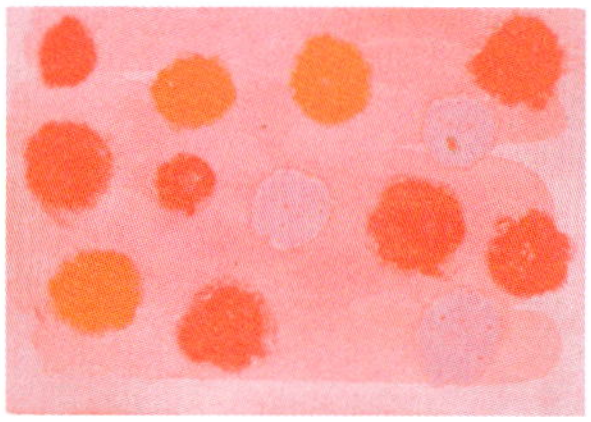

OK 互いの色を引き立て合い美しい

NG 技法の効果がわかりづらい

いろいろな 題材紹介

出てきた！出てきた！ 2・3歳児

絵の具は、混ざっても濁らない色を用意すると、きれいですね。（P.30参照）

白の丸い紙に、白のパスでなぐり描きをし、絵の具を塗ってはじかせました。「あっ！でてきた！」子どもたちは大喜びで、繰り返しはじき絵を楽しみました。作品を集めてアジサイのお花にして、壁面に飾っています。

お洗濯 4・5歳児

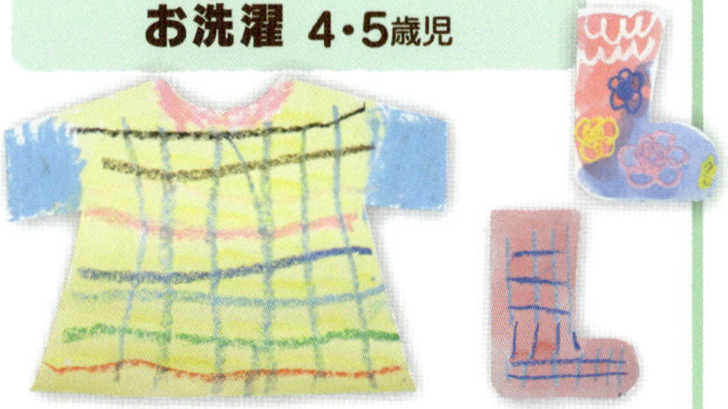

洋服や靴下などの形に切った画用紙に、パスで模様を描き、絵の具を塗ってはじかせました。洗濯バサミでひもに挟んでいくと、お洗濯をしている気分に！

ジュース屋さん 4・5歳児

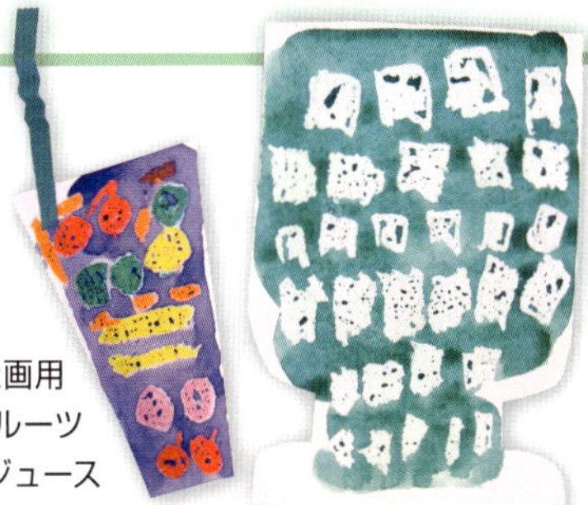

コップの形に切った画用紙に、パスで氷やフルーツを描き、絵の具をジュースに見たてて入れました。

焼きそばを作ろう！ 3・4歳児

フライパンに見たてた画用紙に、お肉・野菜・麺などをパスで描き、茶色の絵の具をソースに見たてて塗りました。

ペロペロキャンディ 3・4・5歳児

かさ 4・5歳児

次のページで 実践ライブ紹介

実践ライブ

3・4・5歳児

バチック（はじき絵）

バチック（はじき絵）の技法を使って、ペロペロキャンディ作りを楽しみます。パス（クレパス、パステラ　など）やクレヨンで模様を描いた後、絵の具を塗って味付けです。ストローの棒を付けることで、よりいっそう、見たて遊びが楽しくなりますね。

ペロペロキャンディ

用意するもの

- **白画用紙**…直径10㎝くらいの丸に切っておく。ひとり15枚程度
- **ストロー**…長さ15㎝くらい、ひとり15本程度
- **セロハンテープまたはビニールテープ（P.92参照）**
- **パス（クレパス、パステラ　など）またはクレヨン**
- **絵の具カップ**　●**ぞうきん**　●**画板**　●**太筆**
- **絵の具**…パスがはじく程度に水で溶いておく。

環境構成

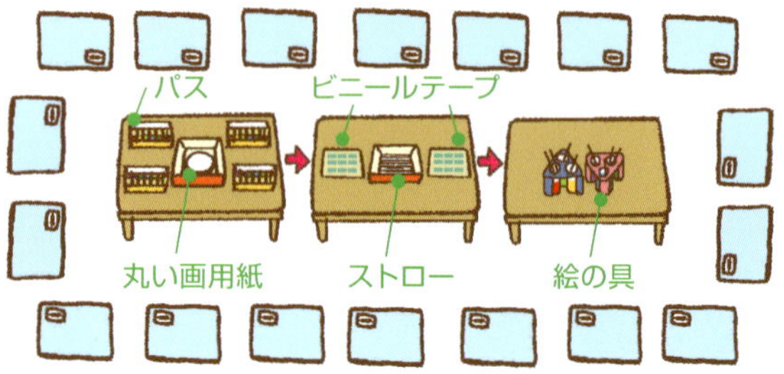

導入・ことばがけ例

（でき上がった「ペロペロキャンディ」を見せながら）
▶今日は、こんなおいしいペロペロキャンディを作ろうと思います。
みんなどんな味のペロペロキャンディがいいかなあ。
＊興味・関心を誘う

オレンジあじ　イチゴあじ　レモンあじ…

（やって見せながら）
▶じゃあ、まずは、この丸い紙に、パスでおいしそうな模様を描くね。
できたら、テープのコーナーに行って、裏にストローをはって、次には、絵の具のコーナーで、色を塗って味付けをしようね。
＊活動の内容や流れを伝える

わ～！　もようがはじいている！　おいしそう！

▶ごしごしこすらず、そっと筆で塗ってあげてね。
＊活動の注意を促す
自分の画板の上に並べて、どんどん作っていこうね。
＊繰り返しの活動を促す

START

1 パスで描く

ペロペロキャンディに見たてた丸い紙に、パスで描きます。

グルグル…。おいしそうなもようをかくんだ！

2 ストローをはる

裏面にテープでストローをはります。

活動のPOINT

★ビニールテープを台紙にはって用意しておくと、簡単にはがせ、はりやすいです。（P.92参照）

★4・5歳児ではセロハンテープを使用してもいいですね。子どもの手の発達に合わせて、用意しましょう。

3 絵の具を塗る

パスで描いた上から、絵の具を塗って、バチック（はじき絵）の技法を楽しみます。

オレンジあじのペロペロキャンディ。おいしくな～れ

4 画板の上に並べる

名前の付いた画板の上に、並べていきます。事前に、自分の場所を確認しておくといいですね。

1，2，3，4…。10こもできたよ！もっと、つくってこようっと

5 繰り返し活動を楽しむ

技法の効果を楽しみながら、繰り返し、ペロペロキャンディ作りを楽しみます。

子どもたちの作品＋活動のようす

「せんせい、みてみて！　これはね、ブドウあじ、イチゴあじ、それからね…」

パスで描いて、絵の具を塗るという繰り返しの活動が、とても楽しかったようです。

数本ずつビニール袋に入れ、お店屋さんごっこに！

はじき絵にはなっていませんが、パスでていねいに描き、絵の具は真ん中だけに塗りました。この子の表現もすてきですね。

基本 スクラッチ(ひっかき絵)

パス(クレパス、パステラなど)を塗り重ね、割りばしなどで引っかいて削るようにして描きます。下に塗ったパスの色が出てくるおもしろさがあり、引っかく線の太さなどを変えることで、表現が豊かになります。色の組み合わせ方や描き方など、自分なりに工夫しながら楽しめるようにしましょう。

基本の準備物

- 画用紙
- ティッシュペーパー
- パス(クレパス、パステラ)
- 割りばしペン

START

1 パスで薄い色(黄色、ピンク、水色、黄緑 など)を塗り込む

準備物のPOINT

色を分けておく

パスは濃い色と薄い色に分けておきましょう。

小さい紙で

紙が大きすぎると塗ることがいやになります。小さい紙(8×10cm程度)を使い、繰り返し活動を楽しめるようにしましょう。

2 濃い色(赤、青、緑、紫、茶、黒など)を上から塗り重ねる

しっかり塗り込むことで、技法の効果がより美しく表れます。

3 割りばしペンなどで描く

割りばしは、長すぎるとキケン！
とがりすぎてもキケン！

活動のPOINT

汚れ対策

★机の上は、新聞紙を敷くか、ビニールシートなどで覆っておきましょう。
★紙の周りを残して塗ると机が汚れにくいですね。
★削り取ったカスは、ティッシュペーパーなどでふき取り、床に落とさないように言葉をかけましょう。

割りばしペンの作り方

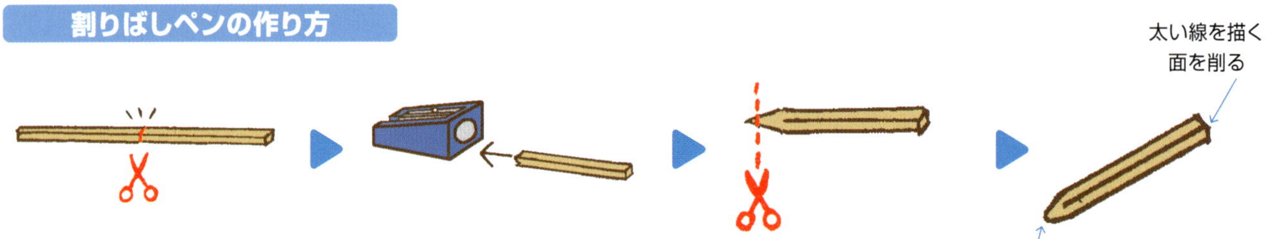

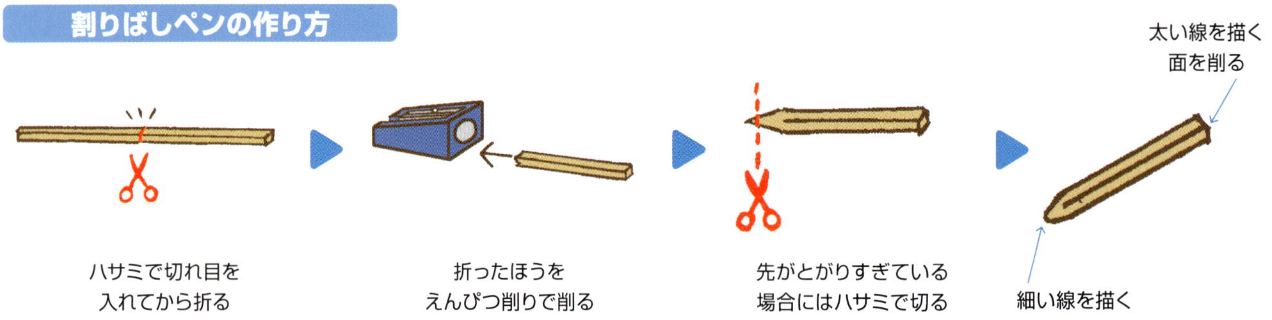

ハサミで切れ目を入れてから折る ▶ 折ったほうをえんぴつ削りで削る ▶ 先がとがりすぎている場合にはハサミで切る ▶

いろいろな色で重ねてみると楽しいよ！

上に塗り重ねた色
下に塗った色

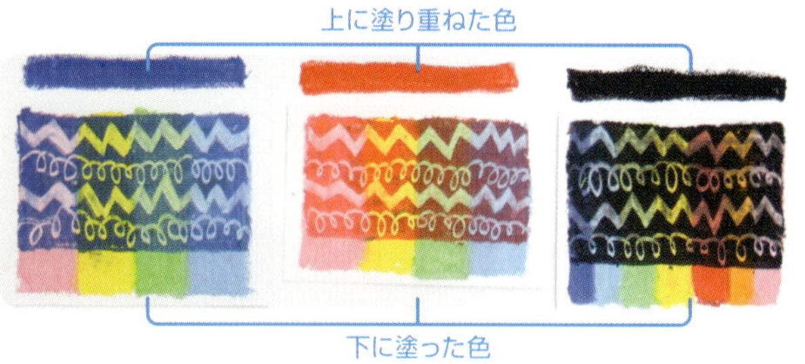
上に塗り重ねた色
下に塗った色

上に塗り重ねた色
下に塗った色

いろいろな題材紹介

虫めがね 5歳児

まるで虫めがねで虫を見ているようですね。

スクラッチカードを作ろう！ 5歳児

Telme

作ったカードはポケットアルバムなどにとじれば、すてきなカード集に！

ミノムシ 4・5歳児

ひもでつるしてお部屋の飾りにも。

お誕生表に 5歳児

のぼる
6

黒いパスを重ねたスクラッチ。機関車に見たてています。

切手を作ろう 5歳児

お菓子の箱などを使って 4・5歳児

お菓子やティッシュペーパーの箱など、コーティングされたツルツルした紙にパスを塗ってひっかきます。紙に印刷された色が出てきてきれいです。パスは塗り重ねず1回塗るだけなので、手軽に楽しめますね。

お菓子の箱

ティッシュペーパーの箱

次のページで… 実践ライブ紹介

実践ライブ

5歳児

スクラッチ(ひっかき絵)

スクラッチの技法を使って、切手を作ります。画用紙をピンキングバサミで小さめに切り、スクラッチをすると本当の切手みたいになりました。切手を作ったら郵便屋さんごっこに展開しても楽しいですね。

切手を作ろう

用意するもの

- **白画用紙**…名刺大。ピンキングバサミなどで周りを切っておく。ひとり10枚程度
- **パス(クレパス、パステラなど)**
- **ティッシュペーパー**
- **割りばしペン**
  (P.50参照)

パスのふたを使って、薄い色と濃い色の色分けをし、ティッシュペーパーと割りばしペンもセットしておきます。

導入・ことばがけ例

▶先生のおうちにお手紙がきたよ。
ここにはってあるのは、なんだか知ってる?
※興味・関心を誘う

きって!!

▶正解!! 今日はこの紙で、切手作りをするよ。
(用意した紙を見せながら) ※活動の内容を伝える

まわりがギザギザしていて、ほんものみたい。
きってをつくったら、おてがみごっこできるよ。

▶じゃあ、切手の作り方をお話するよ。静かに聞いてね。
初めに、パスを濃い色と薄い色に分けてね。
薄い色を先に塗って、上に濃い色を重ねて塗るよ。

きれいないろがみえなくなっちゃったよ・・・

▶でも、いいことがあるから、楽しみにしていてね。
この割りばしペンで絵を描くよ。
※活動の流れを伝える

あれえ!! なんかちがういろがみえてきた! すごーい!!

▶パスをしっかり塗ると、きれいな色の切手になるんだよ。
おはしについたパスは、ティッシュペーパーでふきながら描こうね。
※活動上の注意を促す
1枚できたら、また紙を取って2枚目を作ろうね。

きってやさんみたいね!

START 1 薄い色のパスを塗る

周りを少し残して四角に枠を取り、その中をしっかり塗っていきます。(ピンク、水色、黄、黄緑など)

2 濃い色のパスを塗り重ねる

ごしごしぬると、いろがかわってきたよ!

①で塗った色の上に、濃い色合いのパスを塗り重ねます。(赤、青、緑、紫、茶、黒など)

3 割りばしペンで描く

たくさんけずるとしたからいろいろないろがでてきておもしろいなあ

色を塗った上を、割りばしで削るように絵を描きます。割りばしのとがった方で描くと細い線が、反対側で太い線が描けます。

活動のPOINT

削り取ったパスはティッシュペーパーでふき取り、床に落とさないように言葉をかけましょう。

子どもたちの作品

「なかよしのおともだちをきってにかいたよ」

「くるま切手」

「みて！　だいはっけん!!!　こげちゃいろだけをぬってかいてみたら、こんなふうに、なったよ」

「おうち切手」

「暑い夏の切手」

「雨の日の切手」

「魔法使いの女の子切手」

「ロケット記念切手」

「オレンジ切手」

「ライオン切手」

「みずたまきってもすてきでしょ！」

郵便屋さんごっこに展開

いっぱいきってができたよ！
だれにおてがみだそうかなあ

▼

おてがみかいて、きってをはって…
おにもつもいれて、きってをはって…

▼

ゆうびんやさんのカバンもつくって
みんなのところにおてがみ、くばるんだ！

▶

切手作りから、いろいろな活動に展開すると楽しいですね。

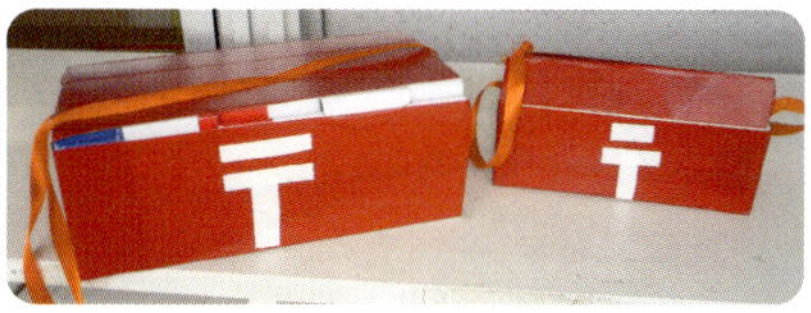

基本

パスのカーボン紙絵

パス（クレパス、パステラなど）をしっかり塗りこみ、パスのカーボン紙を作ります。この上に薄手の紙を乗せてえんぴつで描くと、描いた裏側に同じ絵がカラーになって写ります。描き終わるまで待ち切れずに、ちょっとめくってみたくなる楽しさです。

基本の準備物

- 画用紙
- コピー用紙
- パス（クレパス、パステラなど）
- えんぴつ

START

1 パスでしっかり色を塗る

画用紙

しっかり塗るよう指導しますが、手の力が弱い子どもには、保育者が手伝ってもいいでしょう。

2 パスで塗った面の上にコピー用紙を置きえんぴつで描く

コピー用紙

準備物のPOINT

★写し取る紙はコピー用紙など、薄手の紙を使うと、子どもの筆圧でも写りやすいです。

★えんぴつは短めのもので、先は丸くしておきましょう。

3 コピー用紙をめくると、パスの色が写っている

えんぴつで塗った面があると、より効果的できれいです。

活動のPOINT

★パスを塗る面は小さめに（10×15㎝程度）。

★何枚も描いていると、色が写りにくくなってきますが、上に同じ色を塗り重ねると、また繰り返し使えます。

使用するパスの色は

濃い色（赤、青、緑、紫、橙など）がはっきりときれいに写ります。メーカーによっても異なりますが、子どもの筆圧も考慮し、事前に試してみましょう。

〈濃い色を使用した場合〉

〈薄い色を使用した場合〉

汚れないように

- 周りを少し残して塗ると、机や手が汚れにくいですね。
- カバンなどに入れて持ち帰るときには、折り畳んで入れると、カバンの中が汚れずにすみますね。描いた紙もこの中に、挟んでおかたづけ!

画用紙を半分に折り畳み、片面に塗る

少し残して塗る

あった！　あった！ 2歳児

パスを塗り込んだ画用紙を、保育者が用意します。その上にコピー用紙を置いて、えんぴつやボールペンでなぐり描きを楽しみます。めくってみると色が写っていて大喜び！ 何枚も繰り返し楽しめるよう環境を整えましょう。

えんぴつで描いて

あ～！
あった！ あった！

めくってみると

クイズです！ さて、何を描いたでしょうか？ 5歳児

割りばしペンで描いてみましょう。何を描いたかは秘密です。裏を開けてみると…!!!

ひみつだよ

かけてるかなぁ…
ちょっとしんぱい

さて！ クイズです！
なにをかいたでしょうか

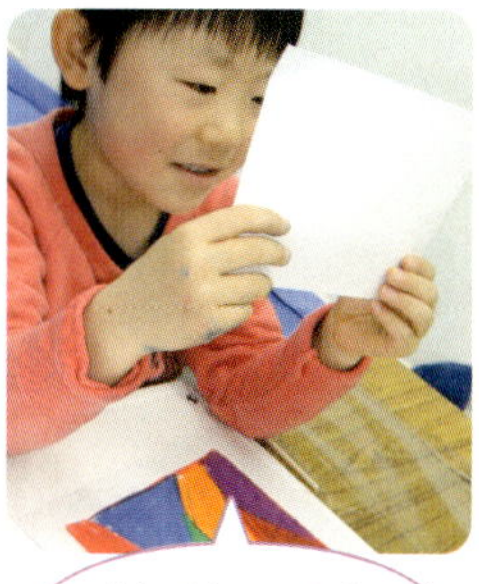

じゃじゃ～ん！
せいかいは…！

色が写ったよ（カメラ）5歳児

「パチリ！」
写真を撮って

裏側の
プレビュー画面に
紙を乗せて
えんぴつで描くと

あっ！
カラーになったよ！

うつし絵セット 5歳児

次のページで … 実践ライブ紹介

実践ライブ

5歳児

パスのカーボン紙絵

クリアフォルダーで作ったポケット式ファイルに、パスのカーボン紙と写し取る紙をセットしました。いつでもどこでもさっと出して遊べるすてきなセットです。

うつし絵セット

用意するもの

- **コピー用紙**…A4の4分の1サイズ、ひとり10枚程度
- **色画用紙**…クリーム・ピンク・水色など薄い色、8ツ切りの2分の1サイズ
- **パス（クレパス、パステラなど）**…濃い色（赤・青・緑・紫・橙など）

※濃い色のパスは、ふたなどに入れ、分けておくと使いやすいですね。

※メーカーによっては写りにくいものもあります。事前に試しておきましょう。

- **先の丸いえんぴつ**
- **クリアフォルダー**…B5サイズ

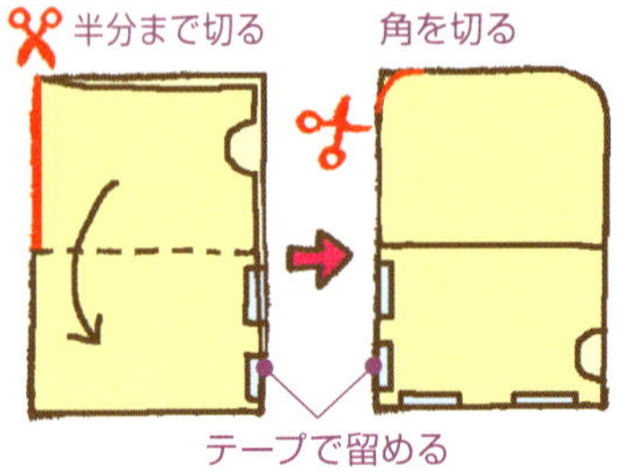

導入・ことばがけ例

▶ここにえんぴつでお花の絵を描いてみるよ。
では魔法をかけまーす。（紙の上で、くるくる指を回して）えい！
さて、どうなったかなあ？（紙をそっとめくって見せる）
※興味・関心を誘う

わあ、おはながあかやあおになってうらにうつってるよ！
わたしもやりたい！

▶みんなにも写し絵の秘密を教えてあげるね。
（①・②）を伝える
※活動の流れを伝える
えんぴつでしっかり描いたり塗ったりしたところがきれいに写るよ。
※活動上の注意を促す
できたら、このファイルに入れておいて、明日もまた遊ぼうね。
※活動の継続を促す

START

1 パスで色を塗り、カーボン紙を作る

ふたつ折りにした色画用紙を開き、片面に四角い枠を描きます。その中を区切りながら色を塗っていきましょう。

2 紙を乗せ、えんぴつで描く

パスで塗り込んだ上に、コピー用紙を置き、えんぴつで描きます。

そっとめくってみると…

わあ～！
うつっているよ

えんぴつで描くときには、線で描くだけでなく、面を塗ることで、裏には、よりきれいな色がはっきり浮かび上がります。

3 ファイルに入れ、繰り返し描くことを楽しむ

描いた紙は大切にファイルに入れます。どんどん増えていくと楽しいですね。

活動のPOINT

★四角い枠はできるだけ大きく描きましょう。
★パスはしっかり力を入れ、すき間がないように塗り込みましょう。

子どもたちの作品＋活動のようす

「みてみて！　こんなふうにうつったよ」
「かわいいね！」
子どもたちの会話も弾みます。

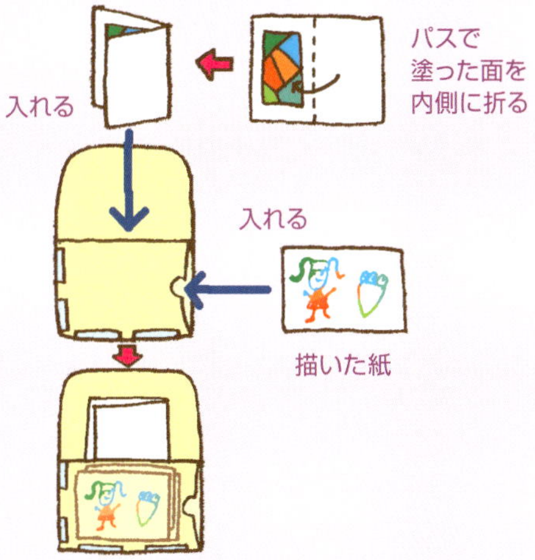

後ろのポケット
パスで作ったカーボン紙をふたつ折りにして入れます。パスの塗った面を内側に折って入れると汚れがつきにくいですね。

手前の小さいポケット
描いた絵を横から入れます。

基本

パスの混色・重ね描き

粘り気があって柔らかいパス（クレパス、パステラ　など）は、混色や重色が簡単できれいにできます。重ねる色の順番や、塗り込む強さによってもできる色は違ってきます。色を混ぜることを楽しむ中で、表現の幅が広がっていくといいですね。

基本の準備物

- 画用紙
- パス（クレパス、パステラ など）

START

1 パスで塗る

2 違う色で上から塗ったり描いたりする

活動のPOINT

★しっかり力を入れてていねいに塗り込むよう、言葉をかけますが、ひとりひとりの力に応じた援助を心がけ、楽しく活動できるようにしましょう。

★しっかり塗り込めたところ、ていねいに塗れたところを褒めると、次への意欲に結び付きますね。

★混色によりパスの先が汚れてきたら、ティッシュペーパーなどできれいにふき取りましょう。

★パスの塗りカスはクルクル回しながら練り込むと、画面に定着しやすくなります。

混色

グルグル
回しながら

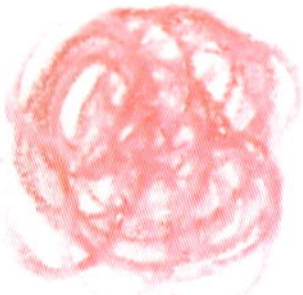

しっかり
塗り込んで

重ね描き

OK 色を塗ってから重ねて描くときれいです

NG 目や口など顔の中を先に描くと、塗りにくく、混ざって汚れてしまいます

いろいろな題材紹介

洗濯機 3歳児

洗濯機に見たてた画用紙に「グルグル…いろのおみずでおせんたく！しろいあわもでてきたよ」洗い終わったら洗濯物をはって描きました。

ケーキ屋さん 5歳児

壁面にポケットの付いたケーキ屋さんをはっておきました。ケーキを描いたら入れていきます。

扇風機 3歳児

扇風機に見たてた画用紙に「グルグル…あかいスイッチをおすとあかいかぜ！ あおいスイッチをおすとあおいかぜ！ いろのかぜがまわってるの！」

ミキサー 3歳児

ミキサーに見たてた画用紙に「グルグル…フルーツがいっぱい！おいしいジュースができるよ」

あま〜いキャンディ 3・4歳児

ビンの形の画用紙にキャンディをいっぱい描きました。上から白色を塗り重ねると「甘い色」に変身！

ドーナツを買いに 4・5歳児

ドーナツにお砂糖をかけたり、トッピングしたり…。

おいしいアイスだよ！ 4・5歳児

次のページで 実践ライブ紹介

実践ライブ

4・5歳児

パスの混色・重ね描き

おいしいアイスだよ！

パス（クレパス、パステラなど）の色をアイスの味に見たて、白との混色を楽しみます。先に塗ったカラフルな色が、白を混ぜることで、甘い感じのパステルカラーに変わります。イメージを膨らませながら楽しく描けるといいですね。

用意するもの

- **パス（クレパス、パステラ　など）**
- **白画用紙**…4ツ切り
- **ティッシュペーパー**
- **画板**

導入・ことばがけ例

▶暑い夏になってきたね。
今日は、みんなの大好きなアイスの甘〜い色を作って、
お絵描きをしようと思います。
どんな味がいいかな？
＊興味・関心を誘う

オレンジあじ　メロンあじ　チョコレートあじ…

▶じゃあ、まずは、オレンジ味のアイスを作ってみるよ。
オレンジ色をしっかり塗ってその上から、
白のパスを重ねて塗るよ。
＊活動の流れを伝える

わ〜！　あまい、おいしそうないろになってきた！

▶今度は、メロン味も試してみるね。
黄緑色のアイスをしっかり塗って
また、白を塗り重ねるよ。
でも、ちょっと、さっきのオレンジ味がついているから、
ティッシュでふいてから使うね。
＊活動上の注意を促す
じゃあ、みんなも、おいしくて甘いアイスの色を作って、
お絵かきをしてみようね！
どんなお話の絵にしようかな？
＊発想を引き出す

START

1 アイスクリームの色を、パスでしっかり塗る

パスの色をアイスの味に見たてて、塗っていきます。

オレンジ味のアイスだよ

2 白色のパスを塗り重ねる

白色のパスを塗り重ねることで、甘い感じの色になります。しっかり塗り込みましょう。

おいしそうな、あまいいろになったよ！

活動のPOINT

パスの先が汚れてきたら、ティッシュペーパーでふき取りましょう。

「ぼくはアイスやさんをかくんだ」まずはお店を描いてから、アイスの混色を楽しみ始めました。

3 イメージを広げ、パスで描く

アイスをきっかけに、自分なりにイメージを広げ、お話作りを楽しみながら描きます。

「ピンクのつぶはアイスのかべ！　おうちごとたべられるんだよ！
そらからおおきなアイスがドーンとおちてきて、ぼく、ビックリ！」

子どもたちの作品

「おおきなアイスもつくったよ。おとうさんとおともだちでたべるんだ」

「アイスクリームやさん。ぼくガリガリくんがだいすき！」

「あま〜いアイス、いっぱいつんだよ」

「ショッカーがアイスやさんをてつだっているの」

「アイスをつんで、つんで、まあるくなったよ」

「ジェットコースターでアイスをたべにきたの！」

「むしたちもたべにきたよ」

「いろいろなアイスをうっている、にんきのアイスやさん」

基本

パス・コンテのステンシル・指ぼかし

パス（クレパス、パステラ　など）やコンテは、塗り込んだ後、指でこすってぼかすことができます。また型紙を使うことで、形を抜いたり浮かび上がらせたりと、いろいろな表現が楽しめます。

基本の準備物

- 画用紙　● 厚紙
- パス（クレパス、パステラ　など）またはコンテ

ステンシル（内ぼかし）

START

1 型紙に沿ってパスやコンテを強く塗る

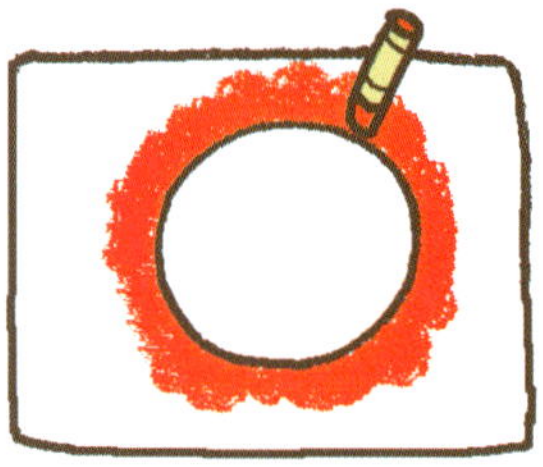

2 型紙を紙の上に置きしっかり押さえ、内側にこすり出す

ステンシル（外ぼかし）

START

1 型紙に沿ってパスやコンテを強く塗る

2 型紙を紙の上に置きしっかり押さえ、外側にこすり出す

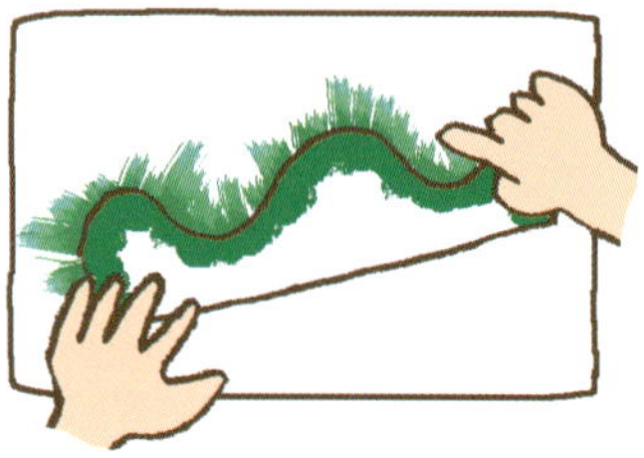

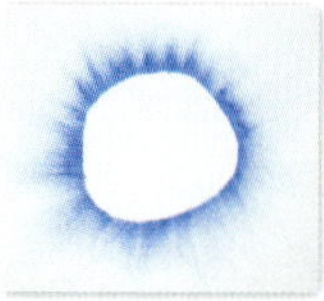

活動のPOINT

こするときには

★指を変えるなど、色が濁らないよう、工夫しましょう。

★混ざっても濁らない色を組み合わせてもいいですね。

★色が出にくくなったら、また上に同じ色を塗り重ねると、繰り返し使えます。

指ぼかし

START

1 紙の上にパスやコンテを強く塗る

2 指で外側にこすり出す

型紙の作り方

厚手の画用紙や牛乳パック、クリアフォルダーなどで作ります。
押さえやすいよう、紙は大きめのものを用意し、周りを大きく残しましょう。

- ハサミで切り抜く
- カッターで切り抜く(保育者)
- クラフトパンチで抜く(保育者)

〈紙を使う場合〉

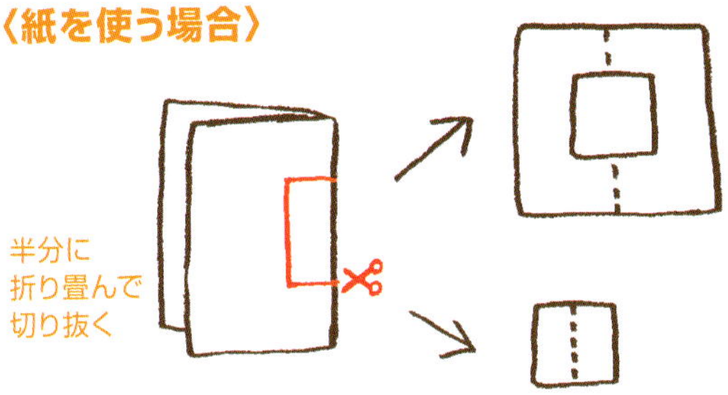
半分に
折り畳んで
切り抜く

〈牛乳パックを使う場合〉

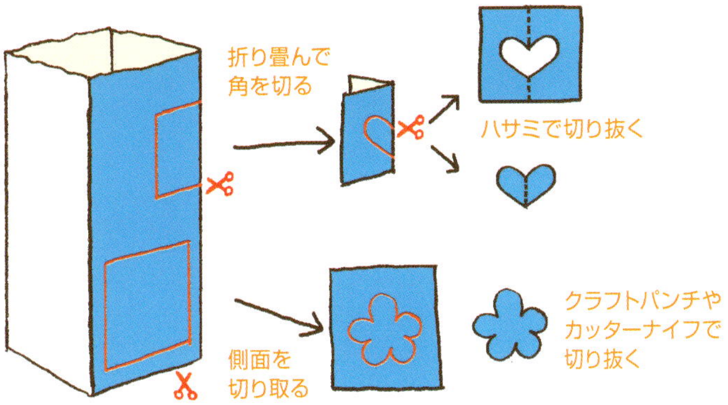
折り畳んで
角を切る
ハサミで切り抜く
側面を
切り取る
クラフトパンチや
カッターナイフで
切り抜く

こんな方法もあるよ!

① 紙の上に型を乗せ、穴の中心にパスを塗る。

② 指でこすり、パスを広げる。

③ 型を外す。

〈くっきり〉

パスをしっかり塗り、指でこする

〈混ぜる〉

2色のパスを塗ってから指でこする

〈ふんわり〉

指についたパスだけでこする

〈重ねる〉

ステンシルした上にもう一度同じようにこする

いろいろな題材紹介

プレゼントバッグ 5歳児

色画用紙を少しずらして半分に折り、両端にのりを付けてバッグを作りました。何を入れようかな?

ひかる! たからもの 4・5歳児

次の
ページで… 実践ライブ紹介

実践ライブ
4・5歳児

パス・コンテのステンシル・指ぼかし

ひかる！ たからもの

コンテでしっかり色を塗り、放射線状に指でぼかします。光っているように見えることから、宝石など宝物に見たて描いていきました。どんな宝物にするかイメージを広げながら、繰り返し楽しみましょう。でき上がったら「宝物入れ」に大切にしまいます。

用意するもの

- **白画用紙**…8ツ切りの8分の1サイズ、ひとり10枚程度
- **コンテ**…赤・緑・青・黄・紫を選んで、カップに入れておく
- **色画用紙**…黒、8ツ切り
- **色画用紙**
- **モール**
- **ハサミ**
- **のり**

START 1 「宝物入れ」を作る

黒い画用紙を折って「宝物入れ」を作ります。

活動のPOINT

次の活動に期待が持てるよう、事前に作っておくのもいいですね。

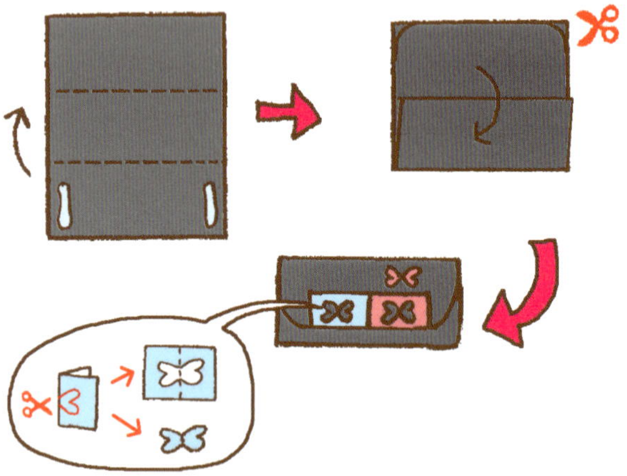

モールで作った鍵
鍵穴に見たてた飾り

2 コンテを塗り、指でこする

カード状の白画用紙にコンテで小さな丸を描きます。中をしっかり塗り込んだら、放射状に指でぼかしましょう。

きれいないろのほうせきだよ

導入・ことばがけ例

▶（コンテで赤い丸を描いた紙を、見せながら）
今から、この赤い丸を光らせてみせまーす。
まずは指の先に魔法をかけて…
（指先に息を吹きかける。）
スーッスーッ！（塗ったコンテを1本の指でこすり出し、指ぼかしの効果を見せる）
※興味・関心を誘う

わあ、すごい!! ひかってるみたいになったよ

▶同じようにしていっぱい光らせるよ。（放射状に引き出す）

わあ、おひさまみたいになった！ ピカピカ！

▶今日は、コンテと魔法の指で光る絵を描いてみようね。

やってみたい！

▶コンテの丸は、しっかり塗ったほうがよく光るよ！
※活動上の注意を促す
（いくつか丸を光らせた後）
次の紙を取って、いろいろな物を描いて光らせてみようね。
※発想を引き出す

おうさまのかんむりやおひめさまのネックレス！
おうさまののっているひかるくるまもかいてみよっと。

3 「宝物入れ」にしまい、繰り返し描くことを楽しむ

できたものは「宝物入れ」にしまい、また新しい紙を取って描きます。

だいじなネックレス

子どもたちの作品＋活動のようす

かぎのあなとかぎは
ちゃんとあわないとしめられ
ないんだよ

どっちが、どっちの
あなのかぎだっけ？

鍵作りも楽しんでいます。

もうきれいなゆびは、
あかちゃんゆびしかないよ。
ちからがはいらないなぁ…

わ〜。きれいだね。
ぼくもやってみよう

色によって指を使い分け、色が混ざって濁らないよう、工夫しています。

おうさまのおうちは、
ピカピカひかってる
とおもうよ

宝石を光らせることから始まり、どんどんイメージを広げ、いろいろなものに展開していきました。

基本 コンテの混色

コンテは縦に持ってしっかり塗ったり、横に寝かせて優しく塗ったりと、持ち方や塗り方を変えるだけで違った表現が楽しめます。さらに指や綿などでこすると、ふんわりと混ざって優しい感じになります。色が混ざるようすに興味を持って、じっくりと活動に取り組めるようにしましょう。

基本の準備物

- 画用紙
- コンテ
- 綿

START

1 コンテを塗る

2 こすって粉を定着させる

3 違う色を塗り重ね、こすって混ぜる

縦持ち

コンテを縦に持ち、しっかり力を入れて塗る

指(1〜2本)を使い、優しくていねいにこする

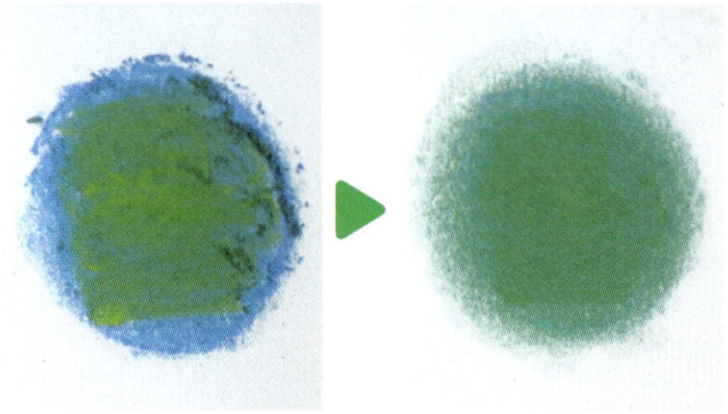

横持ち

コンテを横に持って塗る

小さく丸めた綿で優しくこする

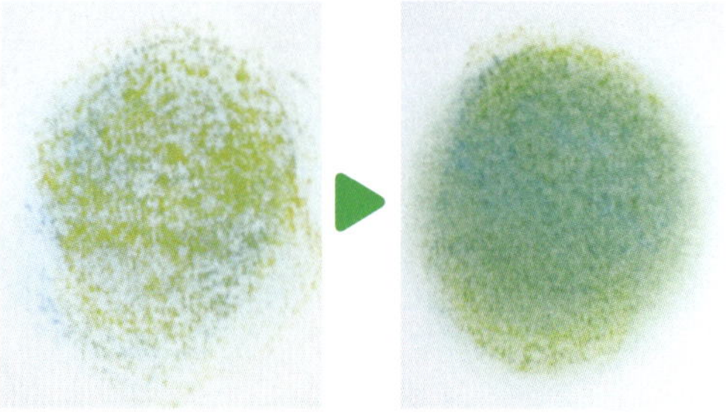

粉は飛び散りやすいので、吹いたりこすったりせず、そのままそっと置いておきましょう。

いろいろな色を試してみましょう

白+黒　紫+青　黄+赤　黄+青

綿を使って

1. 紙やすりや紙の上でしっかりコンテを塗って粉を作る
2. 綿で粉を取り、画用紙の上でクルクル回しながら色をつける
3. 色を変えて1 2を繰り返す

活動のPOINT

手の汚れ

手の汚れを気にする子もいますが、ぬれぞうきんでふいたり手洗いをしたりすると、手に水気が残り、コンテの粉が溶けて余計に汚れる原因にもなります。汚れることばかりを気にせず、汚れを楽しむような気持ちで取り組めるよう配慮しましょう。思いっ切り遊んで泥んこになった手は、最後にせっけんで洗います。泡にコンテの色が混ざって、おもしろいですよ!

換気に注意!

夢中になって遊んでいると、コンテの粉が部屋に充満してきます。窓を開け換気するようにしましょう。

いろいろな 題材紹介

雨の日のおさんぽ 5歳児

茶、黄土、白を混色し顔の色を作っています。

11ぴきのねことあほうどり 5歳児

『11ぴきのねことあほうどり』の絵本を読んで描きました。気球の色を混色で作り、それぞれがイメージを膨らませて描いています。

わたがし 4・5歳児

白のコンテを混色し、ソフトな甘い色を作りました。

からすのパンやさん 4・5歳児

『からすのパンやさん』の絵本を読んで、描きました。木の色は茶、こげ茶、黄土を混色しています。

ブドウ狩り 4・5歳児

紫・青・赤の3色を混ぜてブドウの色を作りました。

おイモほり 4・5歳児

次のページで… 実践ライブ紹介

実践ライブ コンテの混色

4・5歳児

3色のコンテを混色して、サツマイモの色を作ります。コンテの粉の感触と混色の楽しさを味わいながら、それぞれがいろいろなサツマイモを描いていきます。イモ掘りの体験をもとにしたり、絵本からイメージを広げたり、楽しい描画活動に展開するといいですね。

おイモほり

用意するもの

- **白画用紙**…4ツ切り
- **カップ**
- **コンテ**
- **画板**

導入・ことばがけ例

▶みんなで行ったおイモ掘り楽しかったね。
＊経験を振り返るように促す

ちいさいのやおおきいのをたくさんほったよ

▶今日は、コンテの色を混ぜていろいろなおイモを描こうね。

コンテをまぜるの？

▶見ていてね。こうやって塗った上に違う色を重ねて塗るよ。指で優しくこすって紙にしっかりつけるよ。
＊描画材料の使い方を伝える

わあ、いろがかわったよ!!　ほんとうのおイモのいろみたい！

▶みんなが掘った大きなおイモや小さなおイモを描こうね。
＊構想を促す

おイモをほっているところや、
もってかえってたべたところもかいてみようかなあ

▶そうね、おイモのお話を考えて楽しく描いてみようね。
＊発想を引き出す

START 1 茶、こげ茶、紫のコンテでサツマイモを描く

コンテを縦に持ってイモの形を描いてから、コンテを横に寝かせ、中を塗っていきます。

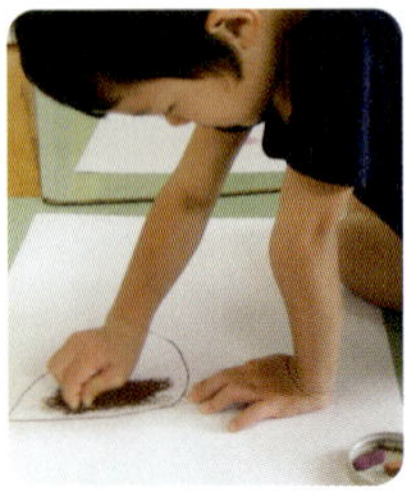

活動のPOINT

3色のコンテは、ひとりずつ容器に入れておきましょう。どの色から使い始めてもいいですね。

2 塗ったコンテを指でこする

コンテで塗った面を指でこすり、コンテの粉を定着させます。

ゴシゴシ、クルクル…。ふわふわになってきた！

活動のPOINT

★塗り込んで出てきたコンテの粉は払いのけず、指でこすって定着させます。
★1～2本の指でていねいにこすり、広がりすぎないようにしましょう。

3 3色のコンテを塗り重ね、混色しながらイモの色を作る

コンテを横に寝かし色を重ねて塗り、指でこすって混ぜていきます。

ほんとうのおイモのいろになってきた！

あっ！ゆびも、おイモのいろになってる!!

茶、こげ茶、紫の3色を混ぜたり、2色だけの混色で組み合わせを変えたり、いろいろなイモの色を作ってみるのも楽しいですね。

4 イメージを広げ、お話作りを楽しみながら描く

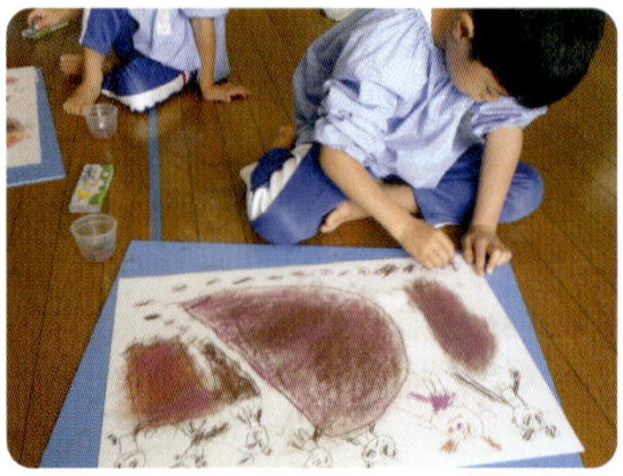

活動のPOINT

子どもたちのイメージの広がりに応じて、コンテの色を増やしたり、絵の具を出してみたりしてもいいですね。

子どもたちの作品

「イモほりにいったよ！　つちのなかから、むしさんもでてきてビックリ！」

3色のコンテを混ぜて、イモの色を作ることが楽しかったようです。
「み～んな、ちがういろだよ！」

土が盛り上がって畝《うね》になっているようすを描いています。

「ともだちがロボットをもってきてつちをほっているの。あっ！　きいろいぼうしがとばされた！　あめもふってきてたいへんだ！」

「おイモさんには、ねっこもあったよ」

「おおきなおイモさんで、かいだんのぼってジャンプしてとびのったよ！」
イモ掘りの経験から描き始めましたが、大好きなゲームの世界に展開していきました。

「ネズミさんがイモほりをしているんだよ」
絵本のお話からイメージを広げ描きました。
つるや葉っぱは、絵の具で描いています。

基本

コンテのにじみ絵(水ぼかし)

コンテは水に溶ける性質を持っています。しっかり塗り込んで粉が出たところに水を加えると、溶けて絵の具のような風合いになります。混色もでき、水のかわりに絵の具を使うと、絵の具の色と混ざり合って、また違った表現が楽しめます。

基本の準備物

- 画用紙
- コンテ
- 筆
- 水入れ

START

1 粉が出るまで、しっかり塗る

粉は飛び散りやすいので、吹いたりこすったりせず、そのままそっと置いておきましょう。

2 水を含んだ筆でなぞり、コンテの粉を溶かして広げる

準備物のPOINT

メーカーによっては溶けにくいものがあります。子どもが使う前に、必ず事前に試してみましょう。

いろいろな題材紹介

色の雨が降ってきたよ　4・5歳児

カラーコンテで雲をしっかり塗り込み、水を含ませた筆でコンテを溶かして、雨を描きました。

オタマジャクシ　5歳児

黒く塗り込んだ丸い形から、水を含ませた筆でオタマジャクシのしっぽを出していきました。

色を変えるときには、筆を洗って使いましょう。混ざって濁ることもあります。

色が出てきたよ！　4・5歳児

丸く塗ったコンテの上に、筆で水を塗り、溶かして色を出しました。色の濃淡がきれいですね。「うみにうきわがうかんでいるみたい！」

おいしいジュース①(コンテ+水) 4歳児

水で溶かして、混色もできるよ！

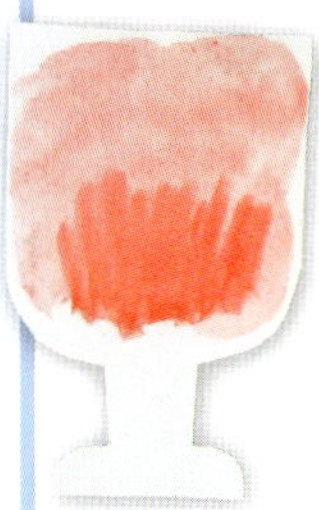

赤1色だけで

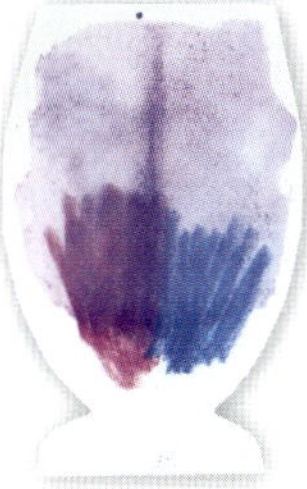

紫+青

黄+緑

黄+赤

コンテでしっかり色を塗り、出てきた粉を「ジュースのもと」に見たて、水を含んだ筆で塗り広げます。小さい紙で繰り返し楽しめるようにしましょう。いろいろな色が試せて楽しいですね。

パフェ(コンテ+絵の具) 4歳児

絵の具と混色！

イチゴパフェ

コンテ(赤)+絵の具(白)

チョコレートパフェ

コンテ(茶)+絵の具(白)

コンテは水に溶けるため、絵の具と混色することもできます。コンテをしっかり塗り込んで、その上から白い絵の具を塗って混ぜました。フルーツに見たてた折り紙をはって、おいしそうなパフェのでき上がり！

おいしいジュース②(パス+コンテ+水) 5歳児

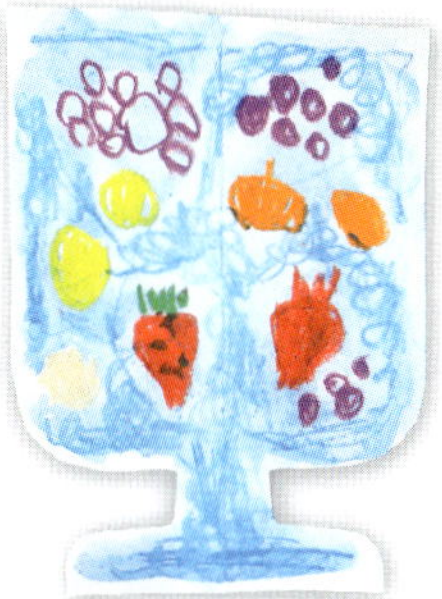

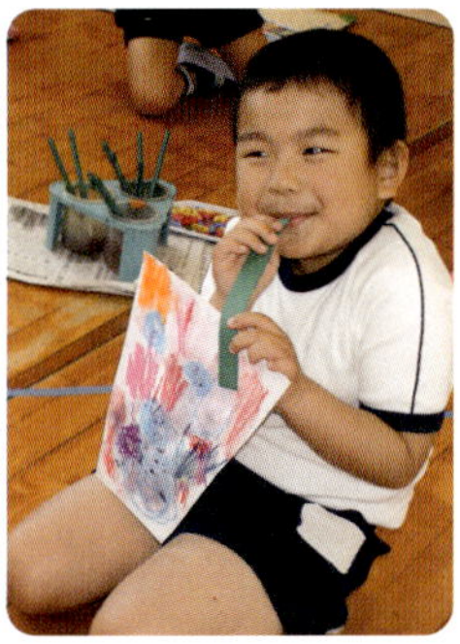

水に溶けないパスと、水に溶けるコンテの特徴を生かした遊びです。パスでフルーツを描いた後に、余白部分にコンテで色を塗り、水を含んだ筆で塗り広げました。

大きなお山 5歳児

次のページで… 実践ライブ紹介

実践ライブ

5歳児

コンテのにじみ絵(水ぼかし)

コンテをしっかり塗り込み、水をつけた筆で色を引き出します。山の木に見たてたり、ドングリのおうちにしたりと、コンテの技法からイメージを広げて楽しいお話作りが始まります。

大きなお山

用意するもの

- **コンテ**
- **太筆**
- **水入れ(筆洗いバケツ　など)**
- **白画用紙**…4ツ切り
- **画板**

導入・ことばがけ例

▶(コンテで描いた山の絵を見せながら)
今からこのお山に木が生えてきます。よく見ていてね。
魔法のお水でグチュグチュ、スー。
(水を含ませた筆でコンテを溶かして木を描く)
もう1本　もう1本…
(コンテの水ぼかしの効果を見せる)
＊興味・関心を誘う

すごーい！　まほうみたい。やってみたい！

▶さあ、どんなお山にしようかな。小さなお山や大きなお山。
三角のお山や丸いお山もあるよ。
＊構想を促す
お山が描けたら中をしっかり塗ってね。
しっかり塗ると木がいっぱい生えるよ。
＊活動の注意を促す
木がいっぱいのお山の周りには、何を描こうかな。
すてきな所だから遊びに行ってみたいなあ。
＊発想を引き出す

おうち！

おやまにあそびにいっていることにしよっと

START

1 コンテで山を描き、しっかり塗り込む

コンテの粉がたくさん出てきます。飛び散らないよう、指でこすって定着させましょう。

2 水を含ませた筆でコンテを溶かし、木を描く

しっかり塗ったコンテの上で、水のついた筆をなじませ、コンテを溶かして描いていきます。

太筆を使用すると、水の含みがよく、描きやすいです。

3 イメージを広げ、コンテで描く

描いた山をきっかけに、お話作りを楽しみましょう。

おおきなやまに
きがあって、
はっぱがいっぱい！
とりさんのおうちも
つくっといてあげよう

子どもたちの作品

「おおきなおやまのおうちにウサギさんのかぞくがすんでるよ」

「おやまにはいろんなきがあって、いちばんうえにウサギさんのかわいいおうちがあるねん」

「いろんなおやまがたくさんあって、どうぶつさんもいてるねん」

「おやまのうえにおおきなくもがでてきたよ。かみなりさんがおちてきたぁ」

「いろをまぜたら、きれいなおやまになったよ」

「おやまには、リンゴがいっぱいなっているの」

「おやまのちかくには、ぼくたちのおうちがあるんだ」

基本

フロッタージュ(こすり出し)

凹凸のある素材の上に薄手の紙を乗せ、色えんぴつやコンテなどで形をこすり出して写します。上に置いた紙がずれないようしっかり押さえ、塗る方向や力の入れ加減を工夫しながら楽しみましょう。身近にあるもので、いろいろ試してみるとおもしろいですね。

基本の準備物

- 薄手の紙(コピー用紙など)
- 全芯色えんぴつ(クーピーペンシルなど)またはコンテ
- 写し取るもの(木の葉、コイン、シール)

START

1 木の葉など凹凸のあるものの上に、薄手の紙を乗せる

写し取る紙は、コピー用紙、和紙など薄手のものが、適しています。

2 手でしっかりと紙を押さえ、色えんぴつなどで色をつけ、形をこすり出す

下に置いた素材が動いて写しにくい場合には、台紙にはっておいてもいいですね。

準備物のPOINT

色えんぴつ、全芯色えんぴつ(クーピーペンシルなど)

コインや木の葉など細かいものを写し取るのに適しています。

コンテ

壁や床など広い面の模様を写し取るのに適しています。

活動のPOINT

持ち方 寝かせて持ち、力を入れすぎず、軽くこすって色をつけましょう。

★長い色えんぴつ

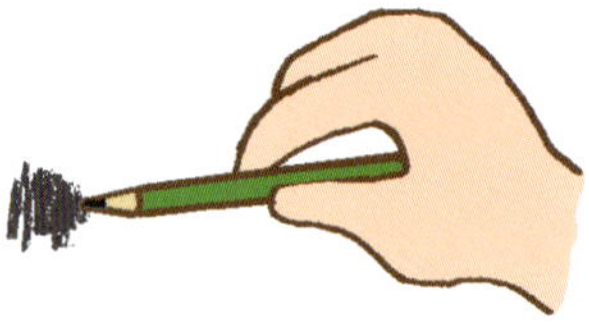

★コンテや短い全芯色えんぴつ(クーピーペンシル)など

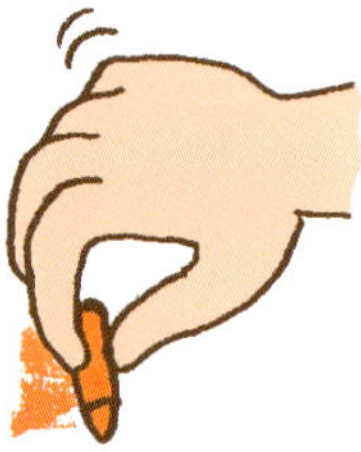

2〜5cm程度の短いものが使いやすいです

いろいろな素材を写してみよう!

〈木の葉〉

〈網〉

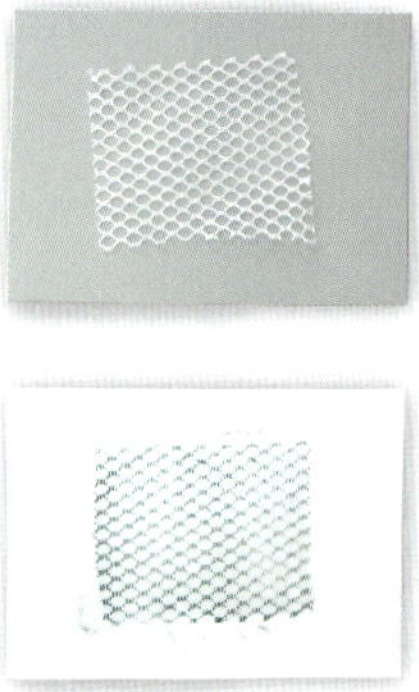

〈レースペーパー〉

〈片段ボール紙〉

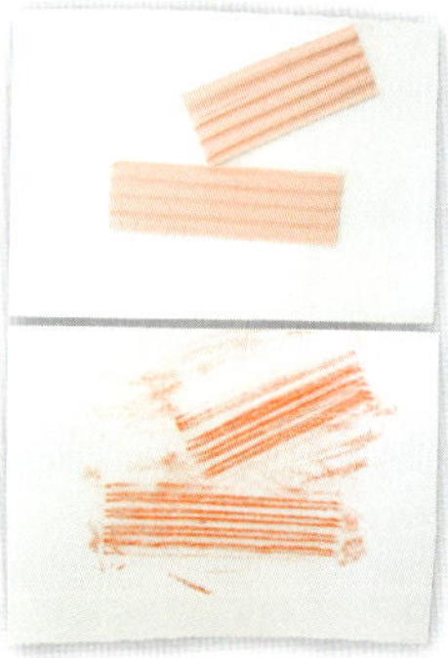

いろいろな 題材紹介

金魚がいっぱい！ 5歳児

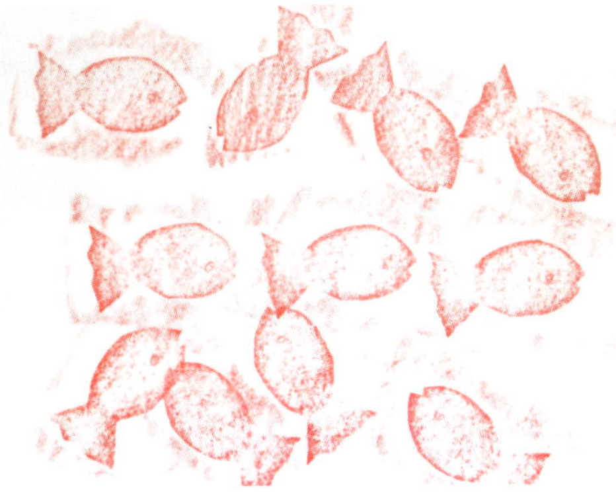

ひとつの型で繰り返し写しました。

さて、何を写したでしょうか？ 5歳児

身の回りにあるもので、写せるものをいろいろ探してみるのも楽しいですね。
何を写したか考えてみてください。

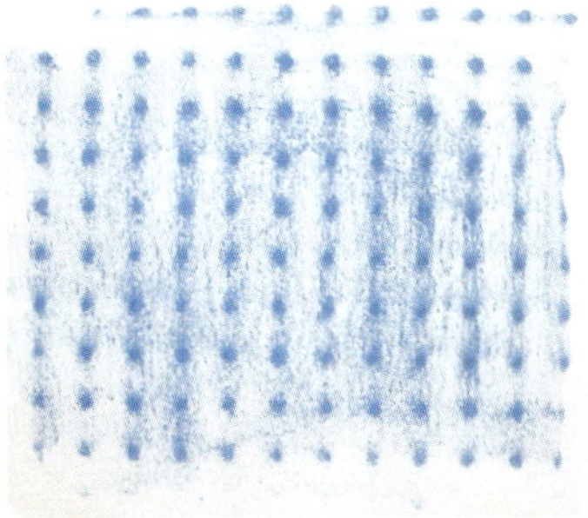

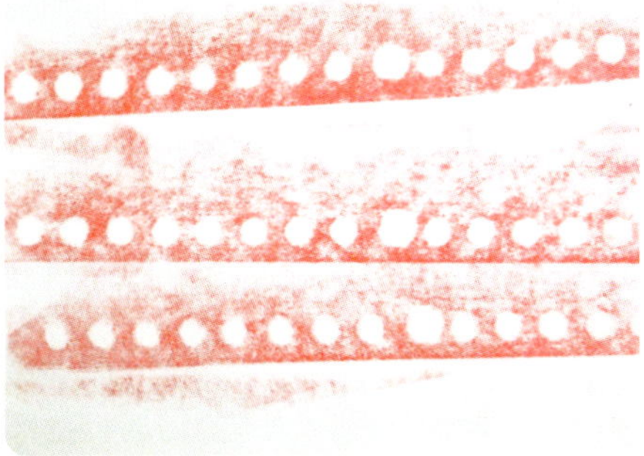

いろいろな色を重ねてもきれい！

〈パンチで型を抜いた紙〉

〈シール〉

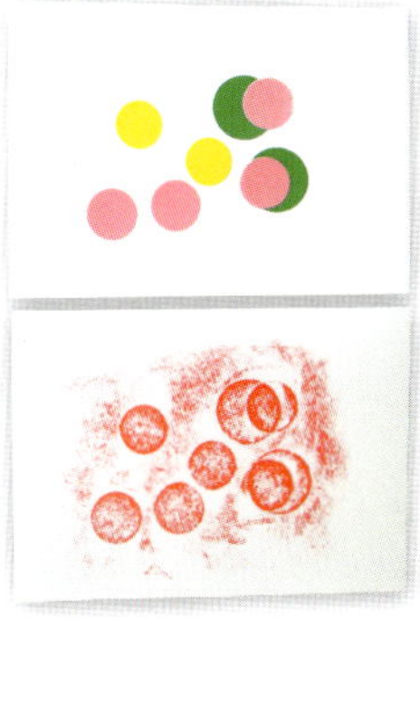

〈ビニールテープ〉

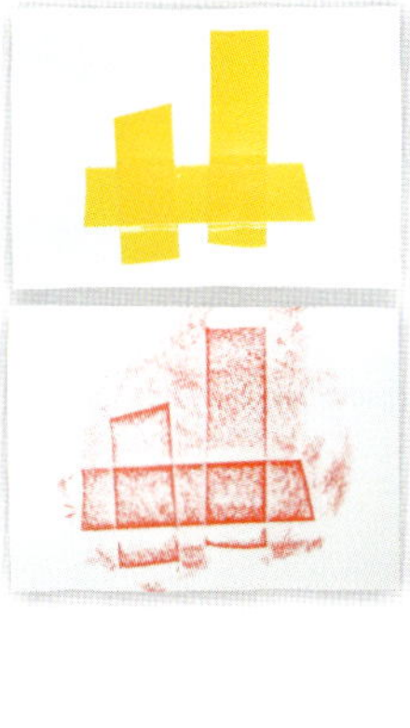

みんなのカードを写そう！ 5歳児

次のページで… 実践ライブ紹介

実践ライブ

5歳児

フロッタージュ（こすり出し）

はり絵で作った版の上にコピー用紙を置いて、全芯色えんぴつ（クーピーペンシルなど）でこすり出します。友達とはり絵を交換し合って写したり、お気に入りのものを、色を変えて何枚も写したり…。繰り返し楽しめます。

みんなのカードを写そう！

用意するもの

- **白画用紙（台紙）**…8ツ切りの8分の1サイズ
- **色画用紙**…クリーム・ピンク・水色など、8ツ切りの8分の1サイズ
- **ハサミ**
- **のり**
- **全芯色えんぴつ（クーピーペンシルなど）**…5㎝程度の短くなったものが使いやすい。
- **コピー用紙**…台紙の白画用紙と同じくらいのサイズ

導入・ことばがけ例

▶みんな、先生の周りに集まってね。今から、クーピーペンシルで、この白い紙の上をこすりますよ。
＊興味関心を誘う

あれえ、なんかでてきたよ。わあ、ウサギさんだ！

▶白い紙の下に秘密が隠れているんだよ。紙をめくってみようね。

ああ、かみでつくったウサギさんだ

▶紙で作ったものに、薄い紙をのせてクーピーペンシルを横にしてこすると、写すことができるんだよ。まずは、ピンクや水色の画用紙で好きな物を作って、白い台紙にはろうね。
＊活動の内容を伝える

わたしは、ウサギさんのおうちにする！

だいすきなアイスクリーム！

▶できたら、薄い白い紙を乗せて、ずれないように手で押さえて、そっと、何度もこすると出てくるよ！
＊活動上の注意を促す
じゃあ、やってみよう！

START 1

画用紙で版を作る

色画用紙で作った形を、台紙にはって版を作ります。

2

写す

①で作った版の上にコピー用紙を乗せて、全芯色えんぴつ（クーピーペンシルなど）でこすります。

5㎝程度の短い全芯色えんぴつ（クーピーペンシルなど）を、横に寝かせて使っています。

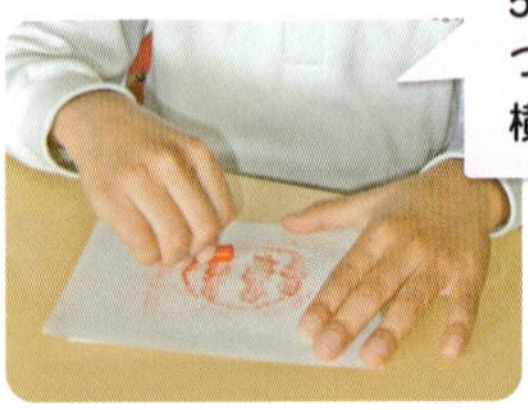

ずれないよう、左手でしっかり紙を押さえています。

うつった！
つくったはりえと
おんなじかたちだよ。

「みてみて！　きれいにうつったでしょ！」

「おなじカードで、いろちがいをこんなにたくさんつくったよ」

子どもたちの作品＋活動のようす

みんなで写し合いっこ

透明シートを模造紙にはって、カードを入れるポケットを作りました。部屋の片隅にはっておくと、いつでも写して遊ぶことができますね。

テーブルの上には、コピー用紙と全芯色えんぴつ（クーピーペンシルなど）を箱に入れて置いています。

できたカードを裏返し、交換して遊んでいます。

基本

水性フェルトペンのにじみ絵

水性ペンで描き、水を含ませた筆でなぞったり、霧吹きで水をかけたりして、にじませます。透明な水からペンの色がにじみ出てきたり、描いた模様がにじんで広がったりすることが、子どもの興味を引き付けます。耐水性や油性のペンでは、にじまないので、事前に試しておきましょう。

基本の準備物

- 画用紙または和紙(障子紙　など)
- 水性フェルトペン
- 水　● 筆または霧吹き

筆を使用する場合

START

1 紙に水性ペンで描く

ペンで描いた上を優しくなぞります。ゴシゴシこすらないようにしましょう。

2 水を含んだ筆でなぞってにじませる

色が混ざって濁らないよう、1色ずつ筆を洗いながら、にじませましょう。

霧吹きを使用する場合

START

1 紙に水性ペンで描く

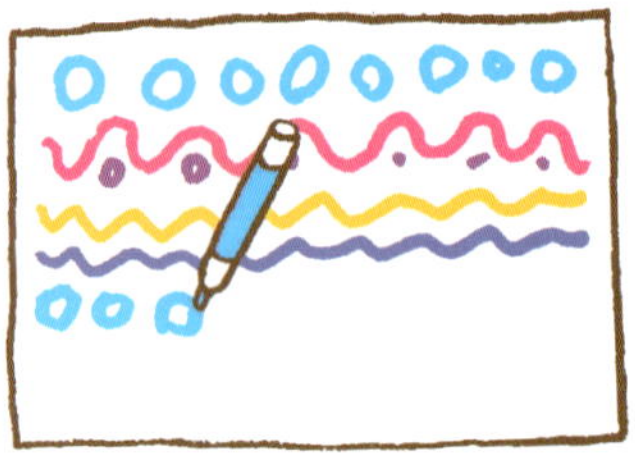

水をかけすぎないように！　せっかく描いた模様が、薄く消えてしまいます。

2 霧吹きで水をかけ、にじませる

画面から少し離して霧吹きを使用しましょう。細かい霧状になって、きれいににじみます。

いろいろな題材紹介

おひな様　4・5歳児

コーヒーフィルターを使っています。

ブックカバー　3歳児～

障子紙を使っています。

ちょうちん　5歳児

シャボン玉とんだ 4・5歳児

シャボン玉を描いたペンの上を、水のついた筆でなぞり、にじませました。

こいのぼり 2・3歳児

障子紙に水性ペンでなぐり描きを楽しみ、霧吹きで水を吹きかけ、にじませました。

きれいに咲いたよ！ アジサイの花 5歳児

小さい丸を集めてアジサイの花を描き、霧吹きで水をかけてにじませました。水が乾いてから自分なりにイメージを膨らませ、描き加えました。

ペロペロキャンディ 3・4歳児

丸い紙に水性ペンで描き、裏面にセロハンテープでストローをはりました。霧吹きで水を吹きかけて、にじませると、おいしそう！

王様のかんむり 5歳児

冠の形の画用紙に模様を描き、霧吹きで水を吹きかけました。

きれいな模様ができたよ 5歳児

次のページで 実践ライブ紹介

実践ライブ

5歳児

水性フェルトペンのにじみ絵

正方形の和紙を4つに折り、水性ペンで、ゆっくりと点を打つように模様を描きます。裏と表から霧吹きで水をかけ、しっかり押さえると、ペンで描いた模様が染みとおって、4つの面にきれいな繰り返し模様ができます。

きれいな模様ができたよ

用意するもの

- 和紙(障子紙)
  …約28cm×28cm
- 水性フェルトペン
- 新聞紙
- 霧吹き
- クリアフォルダー

環境構成

描くコーナーと霧吹きを使うコーナーは分けておき、ひとりひとりが自分なりのペースでじっくりと落ち着いて取り組めるようにしましょう。

START 1 和紙を折り畳む

和紙を縦横に二度折り、4分の1の大きさに畳みます。

2 水性ペンで、点を打ちながら模様を描く

ペンのインクが浸み込むよう、ゆっくりていねいに点を打っていきます。

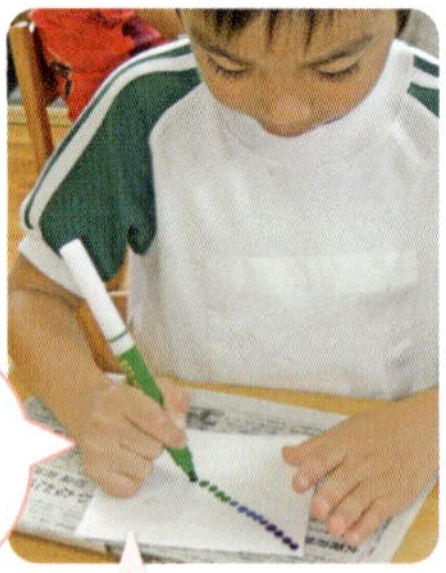

1.2.3.4.5…。10かぞえたらうらまでとどいたよ!

机が汚れないよう、新聞紙の上で描きましょう。

こっそり開いてみると

わ〜! きれい! もうちょっと、かいてみようっと

3 霧吹きで、水をかける

折り畳んだままで、新聞紙の上に置き、霧吹きで水をかけます。

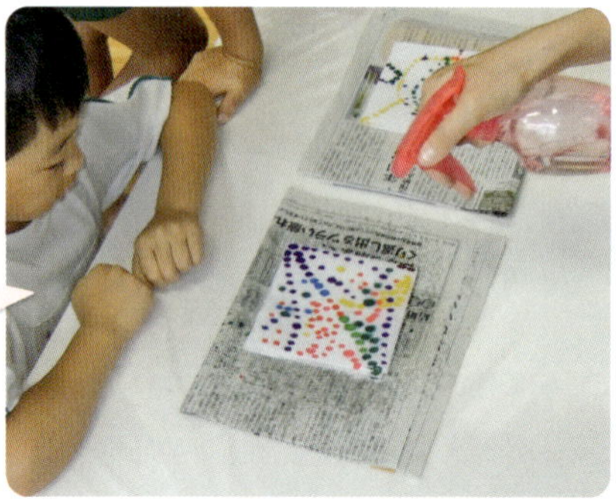

裏返して、両面から水をかけると、きれいににじみます。

導入・ことばがけ例

▶この四角い紙ですごくきれいな模様を作るよ。
まずは、2回折って小さくするよ。
それから、ペンでゆっくり点を打っていくね。
4枚目まで届くくらい、ゆっくり押さえながら、点を打っていってね。
＊活動の内容や流れを伝える
届いたかなあ?(少し開いて見せながら)
＊興味・関心を誘う

あっ! おんなじもようが4つあるよ!

▶そうだね。
きれいな模様ができたら、もっときれいになる、魔法のお水を用意しているから、楽しみにしていてね。
(できた子どもから順番に)
シュッ! シュッ! って、霧吹きでお水をかけるよ。
もう一度、裏返して、シュッ! シュッ!
透明の板を乗せてしっかり押さえてね。

きれいになあれ

▶さあ、開いてみよう!
＊活動の内容や流れを伝える

わ〜!! きれい!

4 クリアフォルダーをかぶせ、上からしっかり押さえる

手が汚れないよう、クリアフォルダーをかぶせて押さえます。

クリアフォルダーの上からしっかり押さえて…

クリアフォルダーをめくります。

5 和紙を広げる

破けないよう、そっと慎重に広げていきましょう。

子どもたちの作品

広げたときの美しさに大感激

「すごい!　みてみて!　きれいでしょ」
ひとりひとりの個性が光ります。

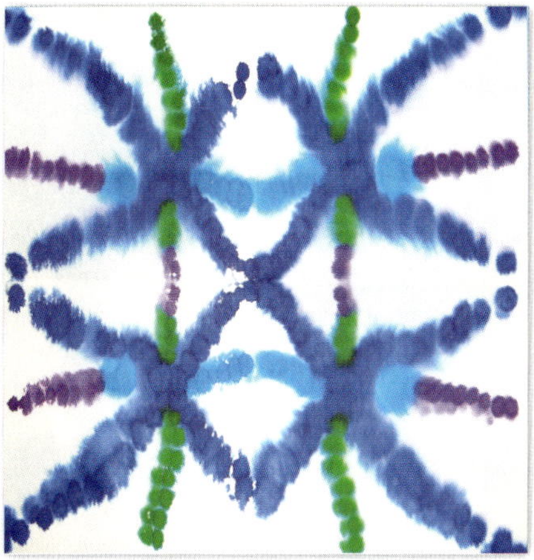

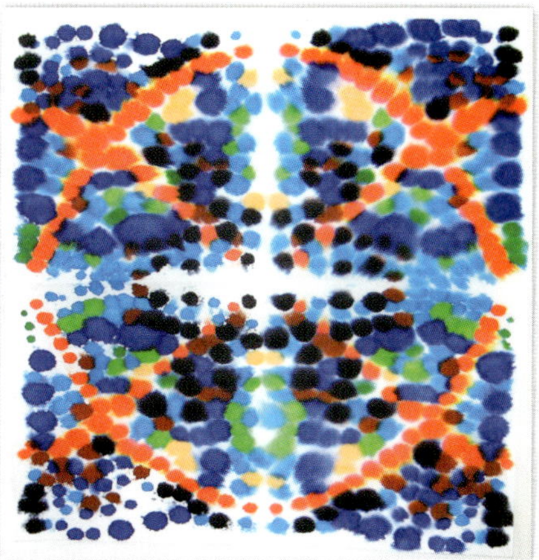

基本

紙版画

紙で版を作り、ローラーで版画用インクをつけて写し取ります。ハサミで切る、手でちぎる、もんでしわを作る、重ねてはるなど、同じ紙だけでもいろいろな表現を楽しむことができます。また、片段ボール紙やレースペーパーなど違う紙質のものを組み合わせてもいいでしょう。

基本の準備物

- 版を作る紙（製図用ケント紙　など）
- 写し取る紙（和紙　など）
- 版画用インク
- ローラー
- 練り板
- ハサミ
- のり
- 新聞紙

START 1 台紙版

紙を台紙にはりながら版を作る

START 1 切り取り版

紙をはり合わせ、版を作る

2 ローラーで版画用インクをつける

3 紙をかぶせこすって写し取る

準備物のPOINT

版を作るための紙

★製図用ケント紙はきめが細かくインクを吸い込みにくいので、最適です。不要になったカレンダーやポスターなどのツルツルした質感の紙でもOKです。

★画用紙を使用する場合は、インクを吸い込みやすいので、インクの量を少し多めにしましょう。

★片段ボール紙やレースペーパーなど、いろいろな紙を組み合わせても、おもしろいですね。

写し取るための紙

★版画紙や障子紙、奉書紙などといった和紙が適していますが、コピー用紙や模造紙、画用紙などに写し取ることもできます。

版画用インク

★水性、中性、油性のインクがあります。油性はかたづけに灯油やシンナーが必要となるので保育現場では勧められません。水性は水で洗い流すことができ、かたづけが簡単でもっとも扱いやすいインクです。水性とはいえ、乾くと耐水性になります。

インク練り板

★缶のふたや古くなったトレイなどでも代用できます。

刷り方のコツ

インクは練り板の上の端に出し、少しずつローラーにつけ縦横に転がし、よく伸ばしてから使います。

新聞紙の上に版を置き、ローラーを縦・横に転がして均一にインクをつけます。保育者もいっしょに手伝い、しあげはていねいに見てあげてください。

インクのついた版をきれいな新聞紙の上に置き直し、保育者が写し取る紙を上から乗せます。このとき、新聞紙の上で構図を決め、縦向きか横向きか子どもに確認しましょう。

片手で紙をしっかり押さえ、もう一方の手で版を確かめるようにしてこすっていきます。バレンや軍手を使ってもいいですが、版画紙などの紙で写し取る場合、作った版が透けて見えるのでひとつずつ手で確かめていくことで、子どもの版への関心が深まります。

写し取った紙を保育者が静かにめくります。この瞬間が子どもにとっていちばん感動的なところです。子ども側からよく見えるようゆっくりめくりましょう。子どもの〝ワクワク、ドキドキ〟を大切に！

紙に変化をつけて

紙版画には、紙で作る楽しさと、インクをつけて写すという2つの楽しさがあります。ハサミで切る、手でちぎる、紙をもんでしわを作る、重ねてはるなど、同じ紙でも変化をつけることで、いろいろな表現を楽しむことができます。

〈切る〉
ハサミで切ることでシャープな線ができます。

〈ちぎる〉
表情のある線になります。両手の指先をくっつけるようにしてちぎっていきましょう。

〈もんでしわをつくる〉
まず、紙をくしゃくしゃにするのを思い切り楽しみましょう。多少破れても気にせず、柔らかくなるまでしっかりもみましょう。

〈重ねてはる〉

いろいろな題材紹介

台紙版

ライオン 4歳児

台紙にはりながら版を作りました。片段ボール紙や不要になったパズルなどいろいろな紙を使用しています。

切り取り版

ライオン 4・5歳児

台紙にははらずに、版を作って写しました。

多色刷り

鬼の親子 4・5歳児

赤と青のインクをつけた2匹の鬼を組み合わせ、いっしょに刷りました。

電車 4・5歳児

電車の窓は、紙を折って切り抜きました。

同じ版を使って

双子のゆきだるま 4・5歳児

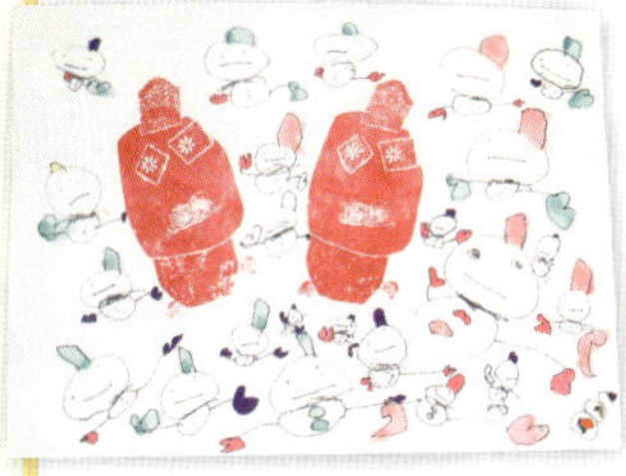

同じ版で2回インクをつけて、写し取りました。ひとつの版で、何度も繰り返し写すことができますね。帽子はレースペーパー、目はパンチで穴をあけた紙を使っています。

サンタが街にやってきた 4・5歳児

帽子やひげには、もんでしわにした紙を使っています。

お舟に乗って 5歳児

ケント紙、片段ボール紙、シールを使っています。

お城に住んでいるのは… 5歳児

次のページで… 実践ライブ紹介

実践ライブ

5歳児

紙版画

窓や扉を切り開いた四角い画用紙などを組み合わせ、お城を作ります。ローラーで版画用インクをつけ写し取りましょう。写し取ったお城をきっかけに、イメージを膨らませ、お話作りを楽しみながら、ペンで描いていきます。

お城に住んでいるのは…

用意するもの

●版を作るための紙
(製図用ケント紙　など)
ハガキ大程度を基準に
いろいろなサイズに
切っておく

●写し取るための紙
版画紙や和紙など

●版画用インク(水性)　**●ローラー**　**●練り板**
●ハサミ　**●のり**　**●油性フェルトペン(黒)**
●絵の具　**●筆**　**●新聞紙**　**●手ふきタオル**
●ぞうきん

導入・ことばがけ例

▶今日は、王様のお城を作ってきたよ。
(あらかじめ作った画用紙のお城を見せる)※興味・関心を誘う

あれ、しろいおしろだ!

まどやドアもある!

▶そう、今日はこの白いお城にインクをつけてほかの紙に写してみるよ。
(ローラーに茶色のインクをつけて)

チョコレートみたい!

※活動の内容を伝える

▶きれいな新聞の上に置き換えたら、写す紙を乗せるよ。

きれいに写りますようにって思いながら、ずれないようにそっとね。
※活動上の注意を促す
そうして、紙をめくるとね…。

うわあ、しろいおしろがちゃいろになってうつった!

▶今日はみんなでお城作りをして、紙に写してみようね。
写したら乾かして、お城に住んでいる王様やお姫様を描こうね。
＊発想を促す

ごちそうもかくよ

おそらにはなびをかく!

▶では、1枚、紙を取って。窓や扉の切り方からやってみるよ。
(①の内容を伝える)

START

1 紙で版(お城)を作る

扉や窓、階段などを作り、のりではって組み合わせます。

画板の上で作ると大きさの見当がつけられます。大きくなっても楽しいですが、4ツ切りの紙に写し取りたい場合には、画板からはみ出さないように言葉をかけましょう。

活動のPOINT

扉や窓の作り方などの基本はしっかり伝えましょう。それらをもとに、組み合わせを楽しんだり、工夫したりできるといいですね。

扉

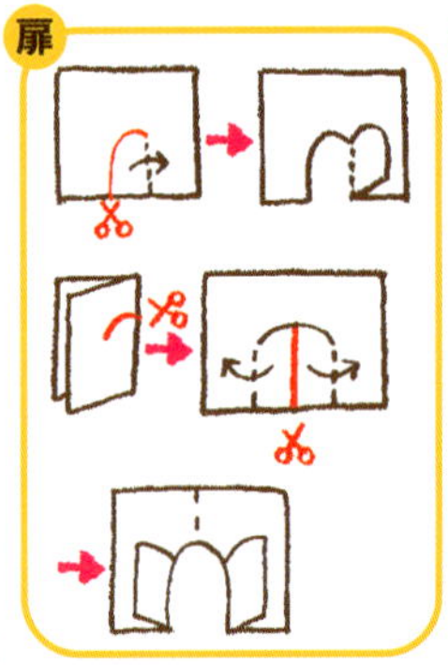

窓

はしごにもなるよ

2 版画用インクをつける

①で作った版を新聞紙の上に置き、ローラーで均一にインクをつけます。

うごかないよう、ゆびではしをおさえているよ

子どもといっしょにインクをつけますが、しあげは保育者がていねいに調節しましょう。

3 写し取る

版をきれいな新聞の上に置き替え、紙を乗せ、写し取ります。

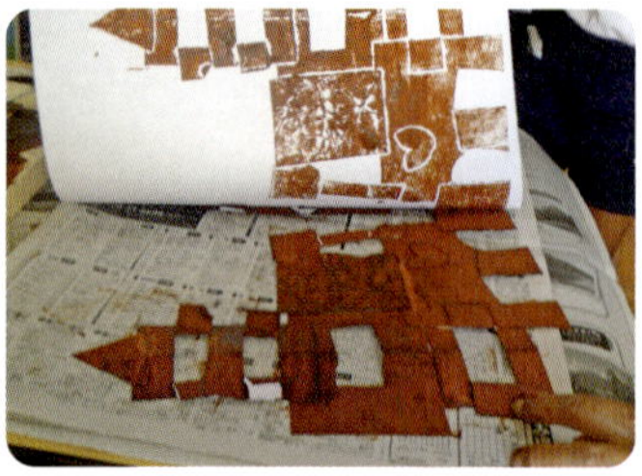

わ～！
きれいにうつったよ！

「うつった！」という子どもの喜びをしっかり受け止め、共感しましょう。

4 イメージを広げ、油性ペンで描く

刷り上がったお城の版画をきっかけに、自分なりにイメージを広げ描きます。

インクが乾いてから、描くようにしましょう。別の日に取り組むと、落ち着いて描けますね。

5 絵の具などで色をつける

白く線状に残った部分にも、絵の具を塗っていきました。茶色のインクの色にカラフルな絵の具の色が入り、きれいです。

子どもたちの作品＋活動のようす

「おうさまがすんでいるおしろ。はなびがパンパン…あがったよ」
カラーペンも使い色をつけました。

「おてんきがいいので、おにわでパーティー！」

「まじょのおしろでは、よるになるとコウモリもうごきだすんだよ」

「おうさまのすむおしろにはとってもたのしいしかけがいっぱいあるんだよ！」

「まじょがすんでいるおしろだよ」もんでしわを作った紙も使っています。

「なが～いはしごをかけて、のぼってるの。ヨイショ、ヨイショ…」

基本 スチレン版画

スチレンボード（発泡スチロールの板）に、えんぴつやペンなどで描き、ローラーで版画用インクや絵の具をつけて写します。また、容器類やペンのふたなどを押し付けるようにして型をつけ、版を作ることもできます。扱いが簡単で幼児期に適した版画のひとつです。

基本の準備物

- スチレンボード
- 写し取る紙（画用紙、和紙、コピー用紙など）
- えんぴつ
- 版画用インク
- 新聞紙

START 1 スチレンボードにえんぴつで描く

ある程度のくぼみがないと、きれいに写りません。えんぴつは筆圧を掛けて描くように伝えますが、力を掛けすぎると穴があいたりする場合もあります。程よい加減で描くように言葉をかけましょう。

えんぴつの先は丸くしておきましょう。削りすぎてとがっていると、ひっかかって描きにくいものです。

2 ローラーで版画インクをつける

インクをつけすぎると、えんぴつで描いた線にインクが入り、形が写し取れなくなります。均一に伸ばしたインクで、ていねいに色をつけましょう。

子どもがインクをつける場合には、保育者が最後のしあげをしましょう。

3 紙をかぶせ、手でこすって写し取る

インクのついたスチレンボードをきれいな新聞紙の上に置き直し、写し取る紙を上から乗せます。（保育者）

写し取った紙は、子どもからよく見えるようにゆっくりめくりましょう。子どもの〝ワクワク、ドキドキ〟を大切に。

片手で紙を押さえ、もう一方の手でこすります。（子どもといっしょに）

ロボット 5歳児

活動のPOINT

傷をつけないように

スチレンボードは柔らかく傷がつきやすいものです。ついた傷も写ってしまうので、扱いに気をつけましょう。子どもには触らないよう注意するのではなく、手のひらでそっと触って感触を確かめ、大事に扱うように伝えましょう。

準備物のPOINT

★刷り方のコツや進め方についてはP.82を参照してください。
★版画用インクは水性のものを使うと、かたづけが簡単です。
★幼児用ポスターカラーでも写し取れます。水は加えず原液のままで使用するのが基本です。少量の台所用中性洗剤を混ぜておくと、はじかずきれいに写ります。
★写し取る紙は、和紙（障子紙）やコピー用紙など、薄手の紙が適しています。

いろいろな題材紹介

お絵かきしたよ 2歳児

先の丸いえんぴつで、スチレンボードになぐり描きをしました。

雪だるま 3･4歳児

白の幼児用ポスターカラーに少量の中性洗剤を入れて刷りました。赤の画用紙に映えてきれいですね。刷り終えてから、スチレンボードの形に合わせて画用紙を切りました。

キリン 4･5歳児

黄色の画用紙に茶色のインクで刷っています。

スチレンボードをカッターナイフで切っておく（保育者）

グラデーション

型を写したよ！ 3歳児

ペンのふた、容器類、クッキーの型など、いろいろなもので型をつけています。青と緑のインクで、グラデーションを作りながら写しました。

多色刷り

てぶくろのおうち 5歳児

まわりを飾って 3歳児

台紙にはって、片段ボール紙で周りを飾りました。額縁に入れたようですね。

切って組み合わせてみたよ 5歳児

次のページで… 実践ライブ紹介

実践ライブ

5歳児

スチレン版画

四角いスチレンボードの角を切り落とし、スチレンボードを切り分け、組み合わせて形を作ります。できた形を何かに見たて、イメージを広げ、えんぴつでスチレンボードに描いたら、ローラーで版画用インクをつけて写します。写し取った絵をきっかけに、さらにお話を膨らませ、ペンなどで描いていきましょう。

切って組み合わせてみたよ

用意するもの

- スチレンボード
- ハサミ
- 先の丸いえんぴつ
- 版画用インク(黒・青)
- ローラー
- 練り板
- 版画紙
- 油性フェルトペン(黒)
- 水性フェルトペン
- 絵の具
- 筆
- 新聞紙
- ぞうきん

導入・ことばがけ例

▶この白い板は、スチレンボードっていうんだよ。
＊関心・興味を誘う
この板は、とっても柔らかくて、
爪で傷がついたり折れたりするから、優しく触ってね。
＊活動上の注意を促す

ほんとだ! ちょっと、ふわふわする!

▶まず、上の2つの角をハサミで切るよ。(やって見せながら)
切った形をもとの形と組み合わせてみて。
何ができるかなあ。
＊構想を促す

おうちになった!

ロケット!

▶ここにえんぴつで絵を描くよ。
できたら、インクをつけて紙に写すからね。
＊活動の内容を伝える
おうちに住んでいる人やロケットに乗っている人など
自分でお話を考えて、描いていってね。
＊発想を促す

START

1 スチレンボードを切って組み合わせる

スチレンボードの角をハサミで切ります。切り落とした2つの三角形を組み合わせ、どんな形にするか、何ができるかイメージを膨らませていきます。

ロケットのかたちになったよ

たいようのとうみたいだ!

スチレンボードに傷をつけないよう、優しく扱うよう言葉をかけましょう。

活動のPOINT

子どもといっしょにインクをつけていきますが、最後は保育者がしあげましょう。均一にインクがついていないと、きれいに写りません。

2 スチレンボードに描く

自分なりのイメージで、スチレンボードにえんぴつで絵を描きます。

3 インクをつける

ローラーで版画用インクをつけます。

▶

切り取った部分の色を変えても楽しいですね。

きれいな新聞紙の上に置き直して写します。

4 紙に写す

インクのついたスチレンボードに紙を乗せ、手で優しくこすって写します。

わ〜! うつったよ!

みてみて! きれいでしょ!

5 油性ペンで描く

写し取った形をきっかけに、イメージを膨らませ、ペンで描きます。インクが乾いてから取り組みましょう。

6 色をつける

水性のカラーペンや絵の具で色をつけていきます。

細かいところはカラーペンで、広いところは絵の具で色をつけています。

子どもたちの作品

「ロケットがはっしゃしたら、かぜがふいてきて、みんなとばされたよ」

「ロボットたちも、うちゅうにつれていってあげたよ」

「UFOもとんできたよ」

「もうすぐ、しょうがっこうにいくんだ」

「どうぶつむらだよ」

基本

コラージュ版画

いろいろな素材を組み合わせて、台紙にはり、ローラーで版画インクをつけて写します。はったものの凸凹や素材感が写し出され、版あそびの楽しさが味わえます。身近にあるものをあれこれと工夫して試してみるといいでしょう。

基本の準備物

- 台紙（画用紙やケント紙　など）
- 写し取る紙（和紙や画用紙・コピー用紙　など）
- はるもの（片段ボール紙、プチプチシート　など）
- 版画用インク
- ローラー
- 練り板
- 接着剤
- ハサミ
- 新聞紙

START

1 台紙にいろいろな素材をはり、版を作る

2 ローラーで版画用インクをつける

P.82「紙版画」の「刷り方のコツ」「準備物のポイント」を参照してください。

3 上に紙をかぶせ、こすって写し取る

②の版をきれいな新聞紙の上に置き直し、写し取る紙を上から乗せます。（保育者）

片手で紙を押さえ、もう一方の手でこすります。（子どもといっしょに）

写し取った紙は、子どもからよく見えるよう、ゆっくりめくりましょう。子どもの〝ワクワク、ドキドキ〟を大切に！

いろいろな素材を写してみよう

プチプチシート

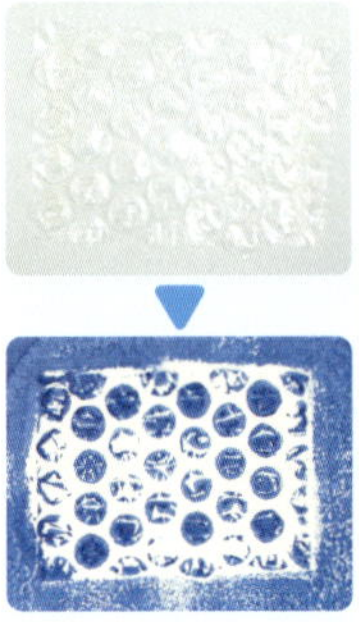

アルミホイル

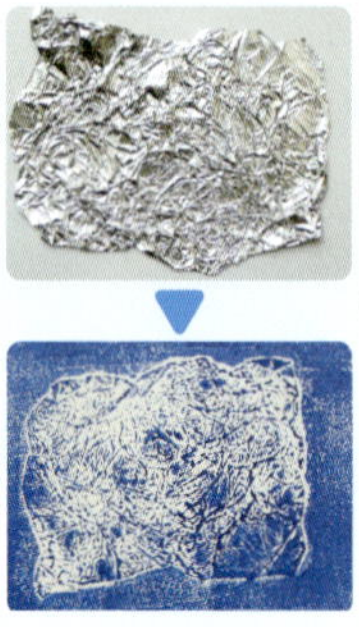

片段ボール紙

輪ゴム＋テープ

シール

葉っぱ

レース

毛糸

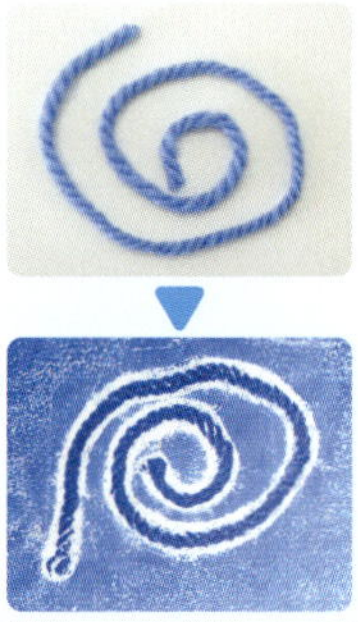

ビニールテープ

レースペーパー

アルミカップ

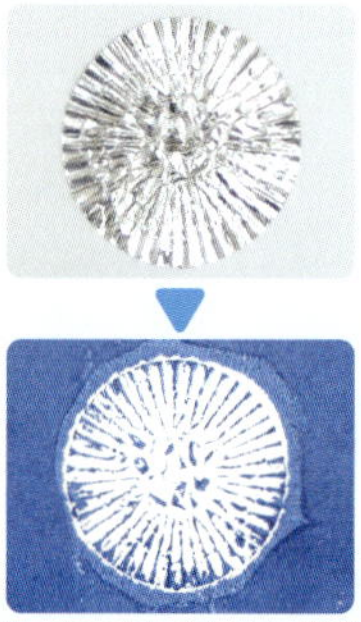

果物ネット

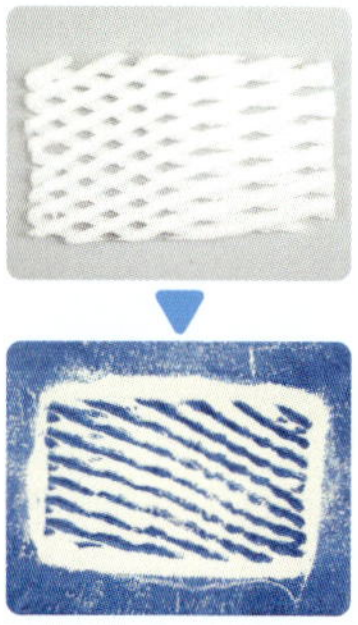

いろいろな題材紹介

ぼくのお友だち 4・5歳児

版といっしょに展示すると、コラージュの楽しさと版画のおもしろさの両方が伝わりますね。

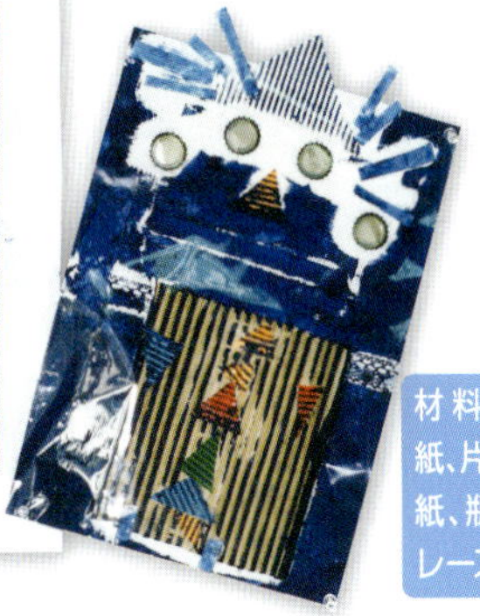

材料：ケント紙、片段ボール紙、瓶のふた、レース　など

ライオン 5歳児

材料：ケント紙、果物のネット、不要になったパズル、穴のあいた紙、網　など

おともだちのライオンもやってきたよ

インクが乾いてから、油性ペンで描き、絵の具で色をつけました。

多色刷り・切り取り版 「オニ」 4・5歳児

材料：ケント紙、片段ボール紙、プチプチシート、シール、網　など

2匹の鬼を、台紙にはらずに作り、赤と青のインクで刷りました。インクが乾いてから油性ペンで描き、絵の具で色をつけています。

おとうさんとおかあさん 4・5歳児

材料：ケント紙、プチプチシート、アイスの棒、片段ボール紙、牛乳のふた、ホイルカップ、レースペーパー　など

インクが乾いてから、水で薄く溶いた絵の具で色をつけました。

両面テープを使って 2歳児

材料：画用紙、両面テープ、レース、木の葉、輪ゴム、バラン　など

台紙に両面テープをはっておきました。テープの線も写っておもしろいですね。

テープやシールをはって 2歳児

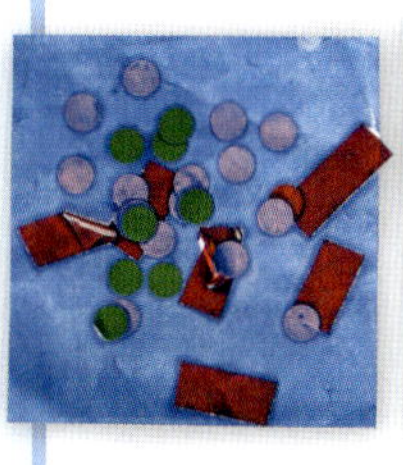

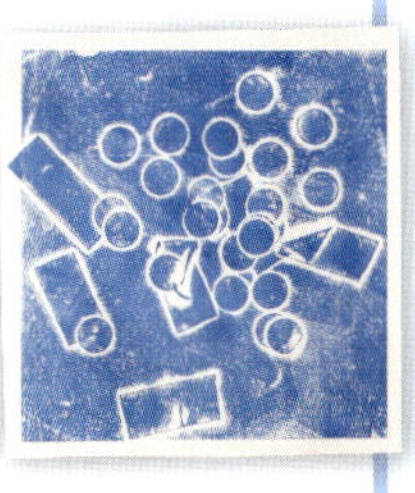

シールはりを楽しんだ後、インクをつけて写しました。

写してあそぼう！ 2・3歳児

次のページで… 実践ライブ紹介

実践ライブ

2・3歳児

コラージュ版画

凹凸のあるいろいろな素材をテープではり、ローラーで版画用インクをつけて写します。版を作ることも写すことも、子どもたちにとって楽しい活動です。写ったときの驚きや喜びが十分に味わえるようにしましょう。

写して
あそぼう！

用意するもの

- **台紙(ケント紙、画用紙　など)**…8ツ切りの2分の1サイズ
- **写し取るための紙**…コピー用紙など（台紙より大きいサイズ）
- **版画用インク(水性)**
- **ローラー**　●**練り板**
- **新聞紙**　●**ぞうきん**
- **ビニールテープまたはセロハンテープ**

ビニールテープ

牛乳パックなどの厚紙にクラフトテープをはって剥離紙(台紙)を作り、その上にビニールテープをはって、カッターナイフで切り目を入れておく。(両面)

- **はる材料**…片段ボール紙、プチプチシート、輪ゴム、毛糸　など

導入・ことばがけ例

▶(材料を見せながら)
いろいろな材料があるね。
＊興味・関心を誘う
テープで、ペタペタはってみるね。(やって見せながら)
自分で好きなものを選んだら、白い紙の上にはってね。
はれたら、インクのコーナーに持っていくよ。
コロコロ…先生といっしょに、ローラーを転がして色をつけようね。
＊活動の内容や流れを伝える

かくれちゃうよ…。

▶そうだねえ…
でもね。こうやって、紙をかぶせて、ゴシゴシ…こすると
(めくって見せる)
＊興味・関心を誘う

わ～！　うつってる!!

ここに、プチプチがあるよ！　輪ゴムがこっちにもあるよ！

▶じゃあ、みんなも、いっぱいはってきてね。

START

1 版を作る

台紙の上に、片段ボール紙やプチプチシート、輪ゴムなどをテープではります。

2 版画インクをつける

①にローラーでまんべんなくインクをつけます。

子どもといっしょにインクをつけていきますが、しあげは保育者がていねいに調整します。

3 写し取る

②をきれいな新聞紙の上に置き直し、コピー紙をかぶせ、上から手でこすって写し取ります。

ずれないよう、片手で押さえ、片手でこすります。

子ども側からよく見えるように、めくります。

子どもたちの作品＋活動のようす

わゴムがこっちに
うつっているよ！

2枚を見比べながら、ひとつずつ、確かめています。

わ～！
うつっている！

活動のPOINT

「うつった」という子どもの驚きや喜び、感動を大切にした保育を心がけ、子どもの思いに共感しましょう。

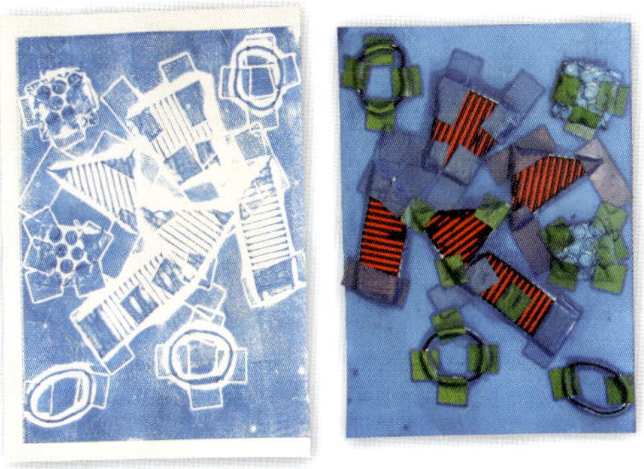

基本

コラージュ

包装紙、千代紙、新聞紙、布、毛糸、ひも、木片、ボタン、自然物などいろいろな素材を使って、はり絵を楽しみます。それぞれの素材の持つ良さを生かし、組み合わせを工夫してみましょう。

基本の準備物

- 台紙（ボール紙　など）
- はるもの
  （布、毛糸、紙類、自然物 など）
- 接着剤
- ハサミ

START

1 接着剤をつける

2 いろいろな素材を組み合わせてはる

準備物のPOINT

接着剤

用途別にいろいろなものが市販されていますが、紙、木、プラスチックなどほとんどの素材が接着できるものもあります。必ず事前に試しておきましょう。安全面のチェックも忘れずに！

素材のサイズ

紙や布などは、子どもが扱いやすい大きさに切っておきましょう。

布は切るのが難しい…

水で薄めた木工用接着剤をつけて乾かすと、はりが出て、ハサミで切りやすくなります。

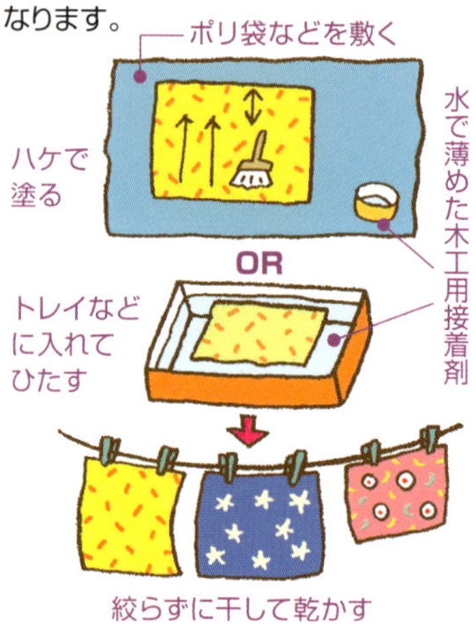
ポリ袋などを敷く
ハケで塗る
水で薄めた木工用接着剤
OR
トレイなどに入れてひたす
絞らずに干して乾かす

いろいろな素材

ボタン、スパンコール、ビー玉など

自然物、木片、アイスの棒、アイスのスプーン、木のボタン、牛乳瓶のふたなど

シール、マスキングテープ、ビニールテープなど

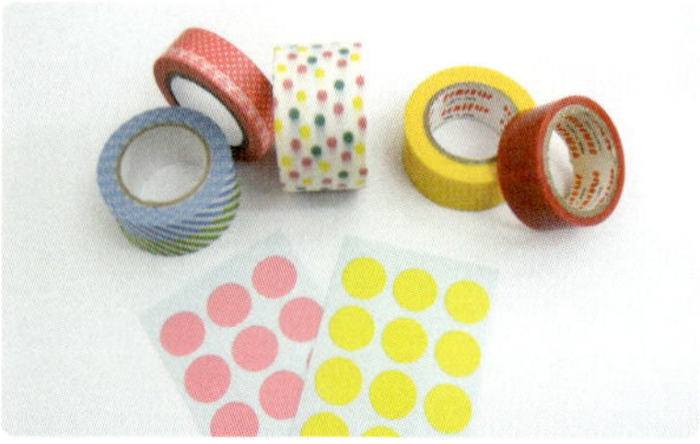

画用紙、折り紙、千代紙、フラワーペーパー、新聞紙、和紙、レースペーパー、片段ボール紙、紙テープなど

布、毛糸、ひも、リボン、綿など

クリスマスオーナメント 4・5歳児

段ボール紙や厚紙に、いろいろな素材をはってオーナメントを作りました。

海の生き物 5歳児

ドングリや木の枝などの自然物と紙類を組み合わせています。台紙は段ボール紙に色画用紙をはっています。

台紙にひもを巻いて 3・4歳児

台紙の段ボールにひもを巻きつけています。枝を差し込んだり、描いた紙を洗濯バサミで挟んだり。自然物やイラストもはって、組み合わせを楽しんでいます。

壁飾りを作ろう 5歳児

次のページで… 実践ライブ紹介

実践ライブ

5歳児

コラージュ

いろいろな素材を使い、コラージュを楽しみます。まずはどんな素材があるのか、どのように使うとおもしろいのかなどを話し合い、テーマを決めていきます。周囲をマスキングテープや毛糸などで飾り付けると、額縁のようになって画面が引き締まりますね。

壁飾りを作ろう

用意するもの

- **ボール紙（台紙）**
  …約30cm×30cm
- **ハサミ**
- **手ふきタオル**
- **画板**
- **接着剤**
  ※素材によっては接着できないものもあります。事前に特徴を調べておきましょう。
- **はりつけるもの**
  ・布…台紙よりひと回り小さく切っておく
  ・包装紙　・千代紙　・毛糸
  ・スパンコール　・ボタン
  ・アイスの棒など
  ※材料別にまとめておきましょう。

導入・ことばがけ例

▶いろいろな材料があるよ。
どんなものがあるか、見てみようか！
※興味・関心を誘う

わ～！　フワフワのけいとやボタンもいっぱい！

キラキラひかってきれい！

かわいいテープもあるよ！

▶今日は、この材料で作ったりはったりして、かっこいい壁飾りを作ろうと思います。何を作ってはろうかなあ？
※発想を引き出す

サンタ

ロボット

女の子…

▶じゃあね、まずは、四角い厚紙に布をはってから、作っていこうね。
※活動の流れを伝える
フェルトは、切りにくかったら、先生も手伝うね。
画用紙や千代紙は、切りやすいよ。
毛糸やひもは、厚紙に接着剤をつけてから、乗せていくといいね。
※材料の使い方を伝える
周りを額縁のように飾ると、かっこよくなるよ。

START

1 台紙を作る

ボール紙に布や包装紙などをはります。

周りに接着剤をつけて

ボール紙にはったらそっと押さえます。

ボール紙より少し小さめの布などを用意すると、周りに額縁のような飾りがつけやすくなりますね。事前に、はっておいてもいいでしょう。

2 いろいろな材料を組み合わせてはる

毛糸やひもなどは、接着剤を台紙につけ、その上に乗せて押さえていきます。

活動のPOINT

★フェルトや布は切りにくいものです。保育者が手伝ってあげてもいいでしょう。
★基本P.94を参考に、木工用接着剤で加工しておくと、切りやすくなります。

子どもたちの作品

「ロボット。めがひかっているの」

「ロボットのなかよしきょうだい」

「かわいいサンタさん」

「おしゃれなおひめさま」

「ピンクのゆきだるま」

たくさんある素材の中からひとりひとりがお気に入りのものを選び、大事に使いながら作っていきました。

「あかいブーツにはプレゼントがいっぱいはいっているの」

「スパンコールがキラキラひかってきれいでしょ」

お気に入りの木のボタンを周りにはって飾りました。

いろいろな素材の組み合わせを楽しんで。

「ピンクのリボンがおしゃれでしょ」
マスキングテープがお気に入り。

「サンタさん」

マスキングテープを短く切って周りを飾りました。

「ハートのマスキングテープがかわいいでしょ」

基本 はり絵

車や動物、人物などを作って画用紙にはります。それらをきっかけに、自分なりにイメージを広げ描くことを楽しみましょう。描くきっかけとなるものを作ることで、描画活動に向かいやすくなるようです。

基本の準備物

- 画用紙
- 包装紙、折り紙など
- ハサミ
- のり
- のり台紙
- 手ふきタオル
- 水性フェルトペンやパス

作ってからはる

START

1 画用紙などで作る

2 台紙にはる

①を裏返し、縁にのりをつけてはりましょう。

3 ペンやパスなどで描く

おでかけ 4歳児

はりながら作る

START

1 台紙にはりながら形を作る

2 ペンやパスなどで描く

積み木あそび 3歳児

○△□の折り紙を積み木に見たててはりました。

準備物のPOINT

のり台紙

床や机にのりがつかないよう、台紙の上でのりをつけましょう。チラシの紙などでもいいですが、牛乳パックを切り開いたものやクリアフォルダーなど、ふいて繰り返し使えるものもいいですね。

手ふきタオル

指に残ったのりは、のり入れに戻してから、ぬれた手ふきタオルでふき取りましょう。

のりのつけ方

小さめの紙は

紙の真ん中に少しだけのりをつけ、塗り広げます。

大きな紙は

紙の縁に沿って線状にのりをつけ、真ん中に少しだけ塗り広げます。

つないだり組み合わせたり

紙と紙が重なる部分にだけ、のりをつけてはります。

はらぺこあおむし 4・5歳児

「ながいながいあおむし。あしがいっぱいはえているの！」包装紙、英字新聞、染め紙などを丸く切ってはっていき、あおむしを表現しました。どんどん長くなったので、画用紙をつないでいます。

ぼくたち3人兄弟 4・5歳児

「さんにんならべたいからがようしをつないでもらったんだ」

ゾウさんあそぼ！ 4・5歳児

色画用紙で作ったぞうをきっかけにイメージを膨らませて描きました。

オシャレな傘をさして 4・5歳児

包装紙の模様を生かしています。

みんなの街 5歳児

ひとりひとりが作った家を模造紙にはって、みんなで描きました。

こびとのくつや 4・5歳児

どんな車にしようかな 4・5歳児

次のページで… 実践ライブ紹介

実践ライブ

はり絵

4・5歳児

色画用紙を使って車を作ります。丸い形と大小様々な四角形を組み合わせてみると、いろいろな車ができます。4ツ切り画用紙にはったら、自分なりにイメージを広げ描いていきましょう。

どんな車にしようかな…

用意するもの

- **白画用紙**…4ツ切り
- **色画用紙**…赤・青・黄・緑・オレンジ・茶・黒・白などハガキ大程度のサイズを基準にいろいろ用意
- **水性フェルトペン**　●**のり**　●**ハサミ**
- **手ふきタオル**　●**画板**
- **絵本『ダンプのちびトラ』(偕成社・刊)　など**

導入・ことばがけ例

▶(絵本『ダンプのちびトラ』を読んで)
(四角い紙を見せながら)
この紙で絵本に出てきたような自動車を作りたいんだけど、どうやって作ろうかな?
※構想を促す

タイヤをつける!　まどやドアもいるよ

でも、まるをきるのがむずかしいよ…

▶じゃあ、みんなで丸を切ってみようね。
(正方形の紙を取り)
紙を回しながらゆっくりと切ってごらん。
難しいと思ったらこうして角を落として切るといいよ。
※ハサミの使い方を伝える
窓やドアも作ってみようね。

しかくとほそながいのをつないでタイヤをはったら、トラックもできる!

▶いろいろな車を作ると楽しいねえ。
車を画用紙にはったら、お話を考えて、ペンで描いていこうね。
※活動の流れを伝える
どんなお話にしようかな?
※発想を引き出す

すなをいっぱいのせてはしっているところにしようっと!

START

1 色画用紙で車を作る

色画用紙を切ったり組み合わせたりして、車を作ります。

活動のPOINT

タイヤを丸く切るのが難しい場合には、角を落として丸くすることを伝えましょう。

2 のりではる

①で作った車を裏返し、縁にのりをつけ、4ツ切り画用紙にはります。

のりはつけすぎないよう、言葉をかけましょう。画用紙の上にはみ出すと、ペンがかすれる原因になります。

3 ペンで描く

はった車をきっかけにイメージを膨らませて、ペンで描きます。

トラックがいしをいっぱいのせてはこんでるよ

活動のPOINT

★この活動では、2つの進め方が考えられます。

①事前に車を作っておき、作る活動と描く活動を分ける…作ること、描くこと、それぞれに集中できますね。

②白画用紙にはりながら車を作り、描いたり作ったりを同時に楽しむ…車を増やしていったり、車以外のものも作ってはったり、いろいろな表現が楽しめますね。

いろいろな車をはりながら作っていき、道路も色画用紙をはって表現しています。

※活動のねらいや、子どもの発達のようすに合わせて、保育を組み立てましょう。

子どもたちの作品

「くるまのさきについているさんかくは、ライトがひかっているところだよ」

「みちがいっぱいあるんだよ。タイヤをまーるくしたくて、いっしょうけんめいきってたら、こんなにちいさくなっちゃった」

事前に車を作っておき、作る活動と、ペンで描く活動に分けました

ペンの色が映えるよう、車の窓には白画用紙を使い、乗っている人などを描いています。

「モノレールがはしっているよ。とってもいいおてんき」

「きょうは、みんなでおでかけ。スーパーによって、おやつもいっぱいかってくるんだ」

「あめがいっぱいふってきて、うんてんしているパパはたいへん！」

「くるまにのってうみにおでかけしたよ。ジェットコースターのせんろにひこうきがちゃくりく！」
経験したことと空想の世界が混在した楽しい絵です。

「たかーいビルがあるまちについたよ。ヘリコプターもとんできて、なんだかにぎやかになってきた！」

こんな技法も知っておこう 1

マーブリング（墨流し）

水面に彩液や墨汁を浮かべ、マーブル模様を作り、紙に写し取ります。慎重で静かな活動が求められますが、きれいに写し取れたときの感動はひとしおです。

基本の準備物

- 写し取る紙（和紙など）
- マーブリング彩液または墨汁
- バット
- 割りばし

START

1 バットに水をはり、小さい紙を水面に浮かべ、その上に彩液や墨汁を垂らす

または

彩液や墨汁を含んだ筆で、水面を軽くつつく

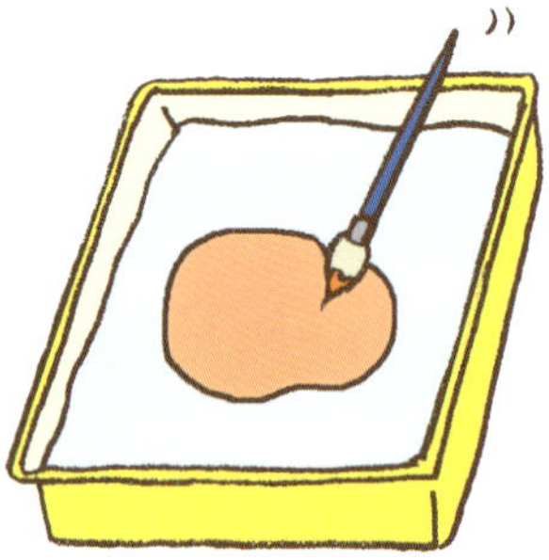

2 割りばしなどで、そっと水面を混ぜる

混ぜすぎると、色が均一になったり濁ったりするため、マーブル模様ができなくなります。そっと静かに水面を動かすようにしましょう。

3 紙を静かに水面にのせ、2～3秒で引き上げる

準備物のPOINT

使用する紙は

障子紙などの和紙や画用紙など、水が吸い込みやすいものを使用しましょう。引き上げたときに模様が流れにくくなります。

こいのぼり 4・5歳児

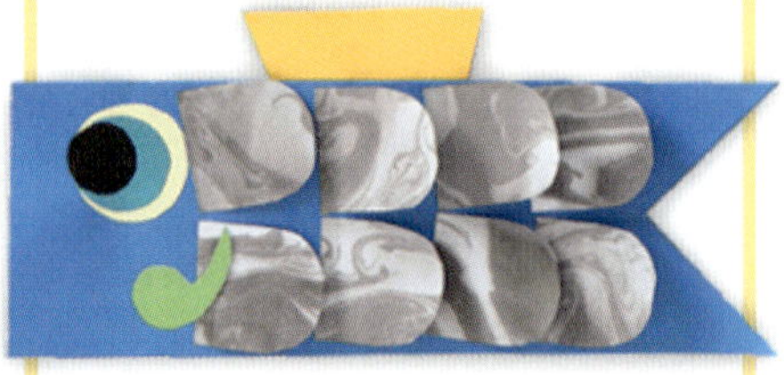

彩液（赤・青・黄・黒）を使用

彩液（赤・青・黄）を使用

墨汁を使用

こんな技法も知っておこう 2

霧吹きのステンシル

紙の上に型を置き、霧吹きで絵の具を吹きかけます。型を取るときのワクワク感が楽しい技法です。

基本の準備物

- 紙
- 絵の具
- 型
- 霧吹き
- 模造紙

START

1 型を置き、霧吹きで色水をかける

2 型を取り除くと、形が抜けて現れる

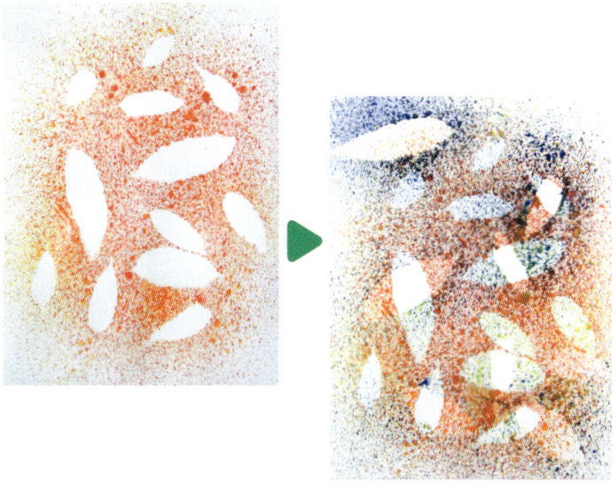

型紙をずらして置き、さらに上から絵の具を吹きかけました。重なりがとてもきれいです。

葉っぱを乗せて、みんなでシュッシュ…（4・5歳）

きりふき
シュッシュッ…
たのしいなあ

葉っぱを取り除くと、形がくっきり！葉っぱを移動しながら霧吹きを楽しみました。

準備物のPOINT

色水の濃度と色

★色水の濃度は、濃すぎると霧吹きが詰まりやすく、薄すぎると抜いた形が見えにくくなります。事前にチェックしておきましょう。

★少しでも濃度を薄くするために、白の混色は避けましょう。水で薄めると薄い色もできます。

（例）ピンク　←赤を水で薄める

　　　水色　　←青を水で薄める

型紙

★型に紙を使用する場合には、厚手の紙を使用しましょう。薄い紙では水を含むと反り返ります。ボール紙や牛乳パックなどが適しています。

かたづけ

霧吹きの噴射部分は、使い終わったらすぐに水洗いするか、水に浸けておきましょう。乾いてしまうと、詰まりやすくなります。

こんな技法も知っておこう 3

糸引き絵

絵の具をしみこませた糸やひもを紙に挟み込み、押さえて引き抜きます。引かれたひもの軌跡がきれいな模様になって現れます。

基本の準備物

- 画用紙
- 絵の具
- タコ糸
- カップ

START

1 タコ糸に絵の具で色をつける

準備物のPOINT

たこ糸の端にテープをはっておくと、持ちやすいですね。

2 ふたつ折りにした紙を開き、❶のタコ糸を乗せる

ひもの端が紙の外に出るように置きましょう。

3 紙を閉じて上からしっかり押さえ、ひもの端を持って引く

板状のものや、粘土ケースなどおもりになるものを乗せて押さえると、均一に力が入りやすく、きれいに写ります。

4 紙を開く

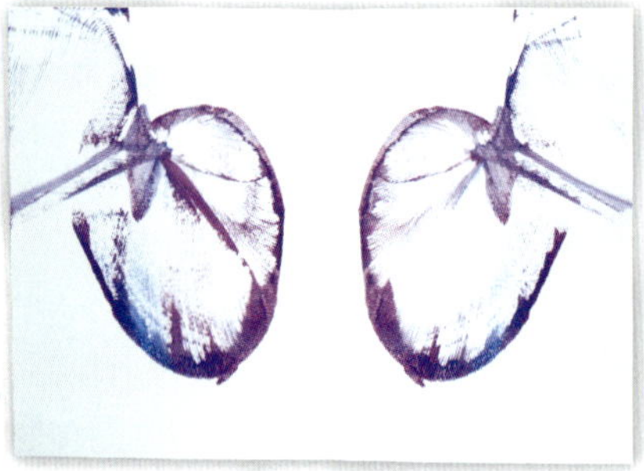

ひもの形が左右対称になって写し出されています。

カード 5歳児

色画用紙と組み合わせてカードの表紙に使いました。

色の濃淡を楽しもう

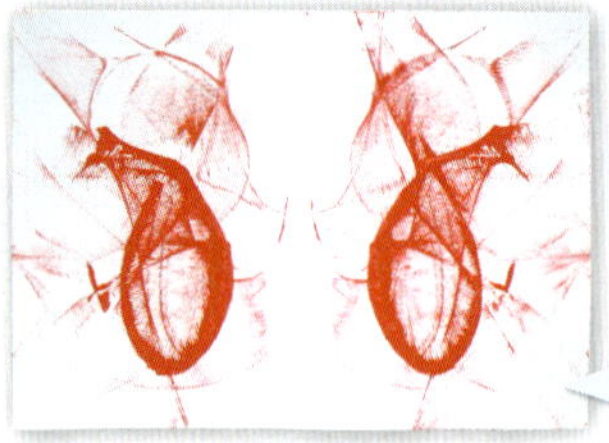

一度、絵の具をつけただけで、数回挟んで写しました。赤の濃淡ができ、かすれた線もきれいです。

何枚も繰り返し楽しむことで、いろいろな発見や工夫が生まれます。

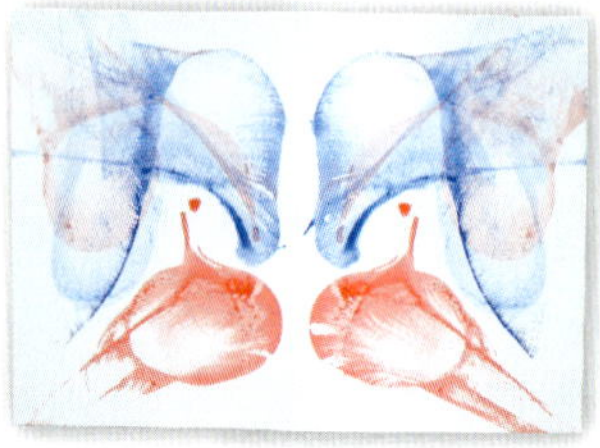

赤と青の2色だけですが、濃淡があることでさわやかなイメージになっています。

色画用紙にも

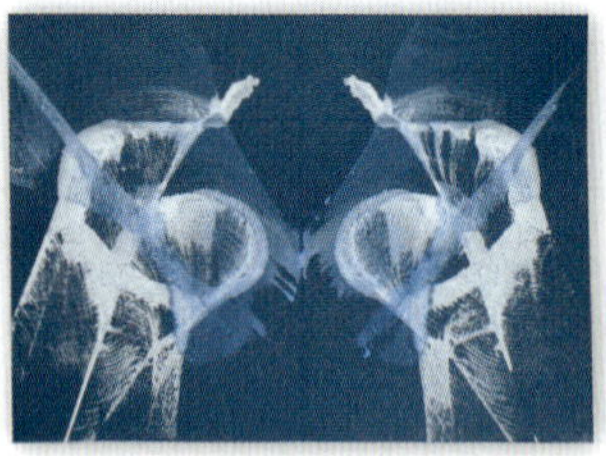

濃い色の画用紙には、白など薄い色が映えます。画用紙の色と絵の具の色の組み合わせを工夫してみるのもいいですね。

こんな技法も知っておこう
4

糸巻き絵

芯材に糸を巻き、絵の具をつけて転がすと網のような連続模様ができます。糸の巻き方を工夫して楽しみましょう。

基本の準備物

- 紙
- ラップなどの芯
- 巻き付けるもの(タコ糸　など)
- 絵の具
- 筆

START

1 ラップなどの芯にひもを巻く

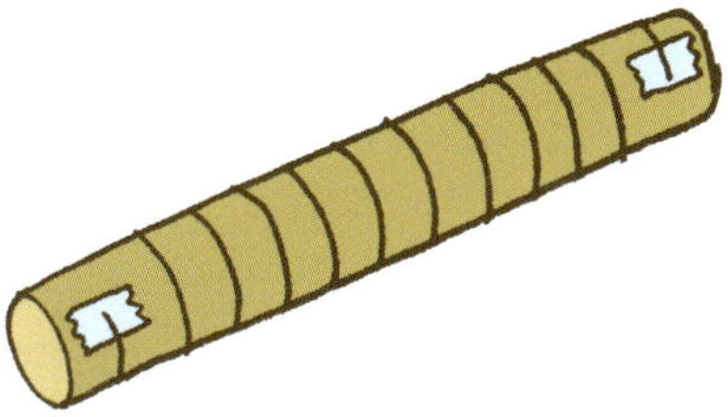

2 絵の具をつける

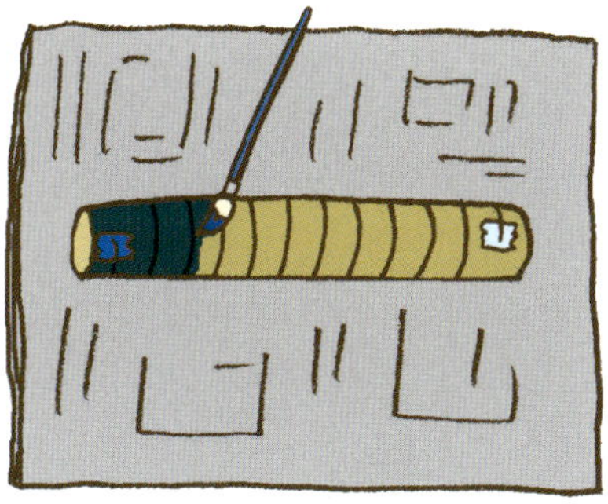

3 紙の上で転がす

転がす方向を工夫してみましょう

同じ方向に

行ったり来たり、何度も転がしました。絵の具の色を数色使い、グラデーションがきれいです。

方向を変えて

横からコロコロ…、縦にコロコロ…。網目のようになりました。

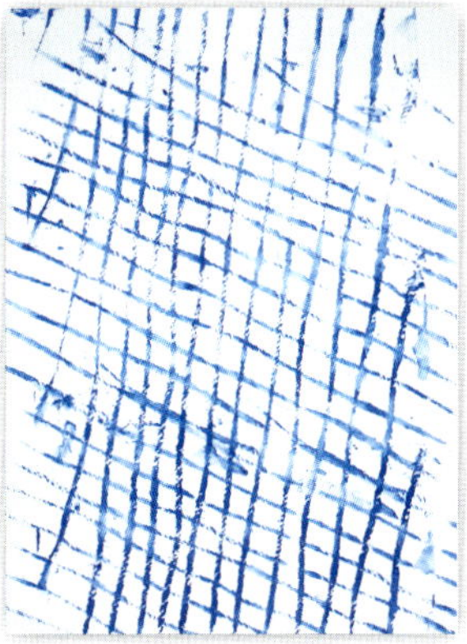

いろいろな糸を試してみましょう

タコ糸

紙ひも

毛糸

輪ゴム

お魚いっぱいとれたよ
4・5歳児

魚を作ってはりました。

こんな技法も知っておこう 5

あわ写し

絵の具や食紅などで色をつけたシャボン玉液を使って遊びます。シャボン玉や泡の形を写し取ってみましょう。

基本の準備物

- 画用紙
- ストロー
- 絵の具など
- 食紅
- シャボン玉液

シャボン玉を写す

START

1 色をつけたシャボン玉液を吹き、紙の上に落とす

おさかな

4・5歳児

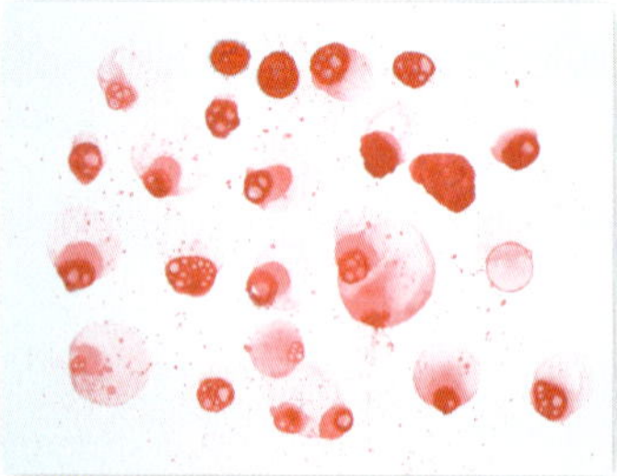

準備物のPOINT

汚れ対策

はじけた液が、顔や服にも飛び散るので、汚れてもよい服装で行いましょう。

着色

食紅や絵の具、インクなどで色をつけます。色が出なくなった水性ペンも水につけると色がにじみ出ます。中の芯を出して使ってみましょう。

泡を写す

START

1 容器の中に色をつけたシャボン玉液を入れ、泡を立てる

容器からブクブクと泡が盛り上がるようにしましょう。

2 泡の上に紙を乗せて写し取る

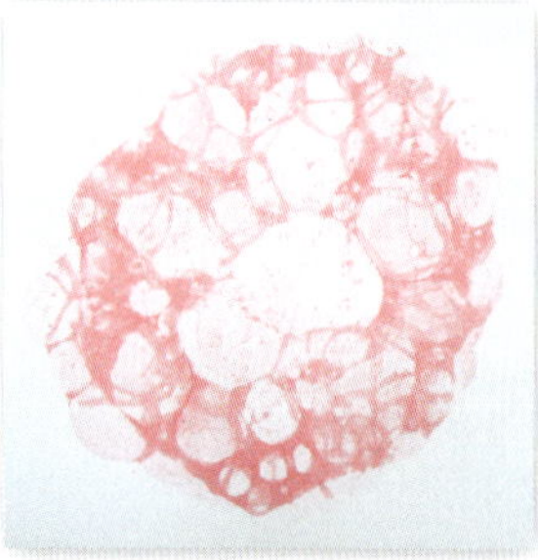

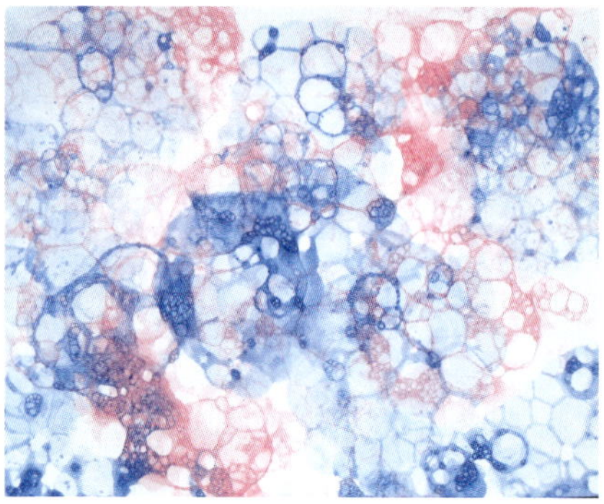

いろいろな色の泡を重ねて写してもキレイ。

こんな技法も知っておこう 6

ドリッピング（たらし絵）

絵の具を垂らして遊びます。絵の具の流れるようすがおもしろく、流れた軌跡が線になって表れます。

基本の準備物

- 紙
- 絵の具
- スポンジ筆
- スプーン

タンポやスポンジ筆を使って

START

1 スポンジ筆に絵の具を含ませる

2 立てた紙に押しつけて絵の具を垂らす

絵の具の流れる様子に興味津々！　模造紙は床面にまで、敷いておきました。（2・3歳児）

スポンジ筆

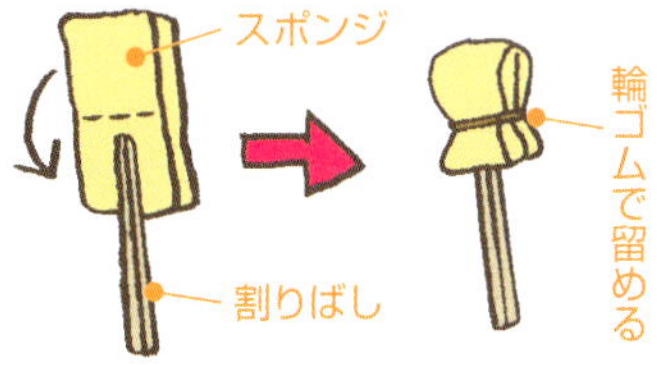

紙の上に垂らして

START

1 紙の上に絵の具を垂らす

2 紙を傾けて絵の具を流す

準備物のPOINT

スポイトや金魚型のしょうゆ入れなどを使用しても楽しいですね。

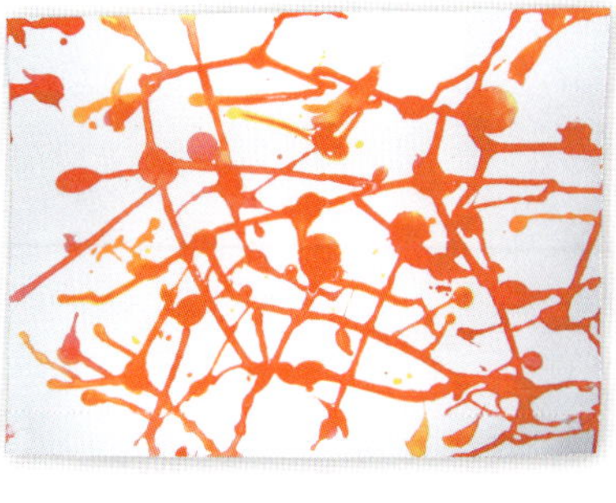

こんな技法も知っておこう 7

ラミネーション（挟み込み）

台紙にいろいろな素材を置き、ラップなどの透明シートで覆って挟み込みます。色や素材の重なりがきれいです。

基本の準備物

- 台紙
- ラップ
- 挟み込むもの（セロハン、フラワーペーパー　など）
- 接着剤
- セロハンテープ

START

1 接着剤のついた台紙の上にセロハン、スズランテープ、フラワーペーパーなどを置く

2 ラップなどの透明シートで覆う。

（低年齢児には保育者が手伝う）

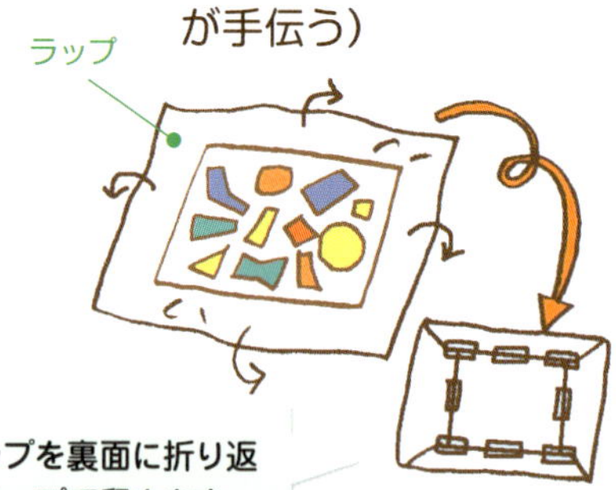

ラップを裏面に折り返しテープで留めます。

準備物のPOINT

接着剤のつけ方

★スプレーのりを吹きつける（活動前に屋外で）
★少量の水で伸ばした木工用接着剤を塗る。
★スティックのりを塗る（適度な間隔で。全面に塗らなくてもOK）
※低年齢児には、保育者が事前に用意しておきましょう。

クリアフォルダーを使って 2歳児

台紙にはクリアフォルダーを使っています。窓にはると透明感があってきれい！

絵の具を使って 2・3歳児

接着剤の代わりに、絵の具を台紙（片ダンボール）の上に垂らし、毛糸などいろいろな素材を置いて、ラップで覆いました。

アルミホイルを使って 2・3歳児

アルミホイルを厚紙にはりテープで留める⇒水で薄めた木工用接着剤を塗る⇒セロハンやスズランテープをはる⇒ラップで覆いテープで留める。

ラミネーター（パウチ）を使って 3歳児～

いろいろな形に切った紙を組み合わせています。

プチプチシートを使って 2・3歳児

プチプチシートとクリアフォルダーで挟みました。

こんな技法も知っておこう
8

水性フェルトペンのスチレン版画

スチレンボードに水性ペンで描きます。ペンのインクはボードに吸い込まれず表面に残ったままになっているので、水で湿らせた画用紙に吸い取られます。

基本の準備物

- スチレンボード
- 水性フェルトペン
- 画用紙
- タオル

START

1 スチレンボードに水性ペンで描く

活動のPOINT

★描いたところに触れると、手にペンのインクが付いたり、画面が汚れたりします。気をつけるよう、言葉をかけましょう。
★1辺10cm程度の小さいサイズで取り組むと、手が汚れにくいです。何枚も繰り返し楽しめるといいですね。

2 絞ったタオルで画用紙をふき、湿らせる

水加減は事前にチェックしておきましょう。水が多いとにじみすぎ、少ないと写りにくくなります。版は一度しか写せないので、慎重に！

3 ①のスチレンボードの上に②の画用紙をかぶせて写す

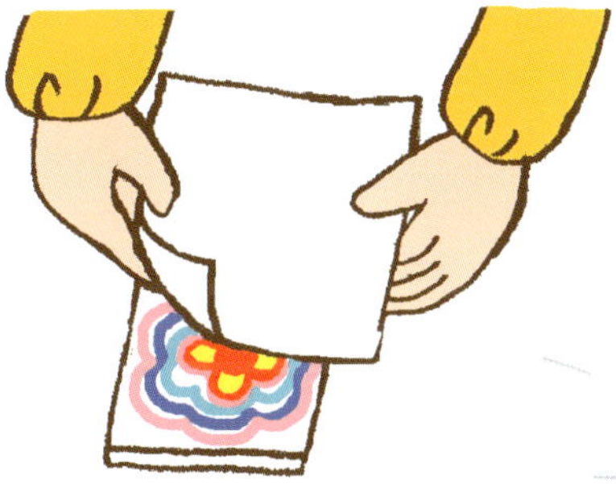

ずれないよう、片方の手でしっかり押さえて、手でこすりましょう。

きれいに写ったよ 4・5歳児

「はなびがパーン、パーン」

「おさかながおよいでいるの」

「まほうつかいだよ」

「タコがすみをふいたよ」

「ハート」

「グルグルもよう」

グルグル、グチュグチュ 2歳児

こんな技法も知っておこう 9

スポンジ絵

水で湿らせたスポンジに絵の具をつけ、紙に押しつけるようにしながら描きます。隣り合った絵の具の色が微妙に混ざり、グラデーションの美しい線が表れます。

基本の準備物

- 画用紙
- スポンジ
- 絵の具

START

1 スポンジを水でぬらして絵の具をつける

アイスの棒
スポンジ

2 紙の上に置き、ゆっくりとずらしていく

絵の具がかすれてきたら、水または絵の具を加えましょう。

準備物のPOINT

★スポンジの大きさは、子どもの手に収まる程度にしましょう。
★水加減が大切です。スポンジを水にぬらし、軽く絞って使います。

いろいろな形を試してみましょう

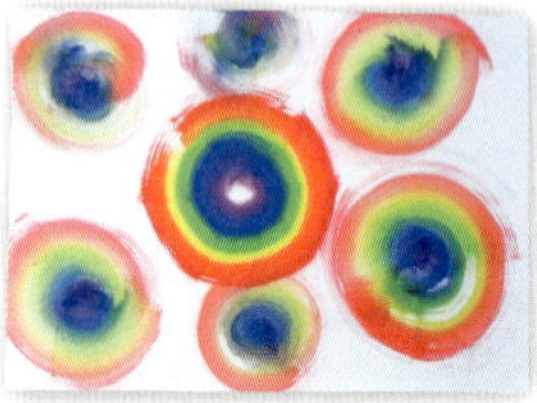

虹色を使うときれいですが、混ざると濁ります。混ざっても濁らない色を組み合わせると、どの年齢でも安心して使えますね。

虹色のおうち 5歳児

にじいろのようふくをきているの

スポンジ絵で作った紙を細長く切り、はって虹のおうちを作りました。

こいのぼり 5歳児

ウオッシング(洗い流し)

濃いめの絵の具で描いた絵の上に、墨汁を塗って、洗い流します。真っ黒な墨で隠した絵が、浮かび上がるときの驚きに心奪われることでしょう。

基本の準備物

- 画用紙
- 絵の具
- 墨汁
- 筆
- はけ
- 新聞紙

START

1 絵の具で絵を描き、乾かす

濃いめに溶いた絵の具で描き、しっかりと乾かしましょう。

2 ハケで墨汁を塗り、乾かす

ゴシゴシこすって塗ると、下の絵の具が溶けだしてしまいます。大きな刷毛で、手早く塗りましょう。

3 水を流しながら、ハケで墨汁と絵の具を洗い落とす

表面の絵の具や墨は洗い流されますが、画用紙にしみ込んだ色が残り、絵が浮かび上がります。

夜のお空に花火があがったよ！ 4・5歳児

墨で黒く塗ることで夜をイメージしたようです。

クリスマスツリー 4・5歳児

「ツリーにかざりつけをしたら、でんきをけしてまっくらに！」墨で黒く塗りつぶすことを「電気を消す」という表現で子どもたちに伝えました。

墨を塗り残した部分が、偶然、マーブリングになっちゃいました！

活動のPOINT

★洗い終わった後は、新聞紙の上に置き、水分を取って乾かします。

★屋外の水道を使用するなど、汚れ対策を考えたうえで取り組みましょう。

ロケット発射！ 4・5歳児

〈著 者〉
村田夕紀（むらたゆき）

大阪教育大学（美術専攻）卒業
元·四天王寺大学短期大学部保育科教授
造形教育研究所「こどものアトリエ」主宰

主な**著書**

- 3・4・5歳児の楽しく絵を描く実践ライブ
- 0・1・2歳児の造形あそび実践ライブ
- カンタン！　スグできる！　製作あそび　2巻
- 0・1・2・3歳児のきせつのせいさく
- 0・1・2歳児　遊んで育つ手づくり玩具

（すべてひかりのくに刊）

〈著 者〉
内本久美（うちもとくみ）

大阪教育大学（美術専攻）卒業
四天王寺大学短期大学部保育科専任講師

主な**著書**

- カンタン！　スグできる！　製作あそび　2巻
- 製作よくばり図鑑

（すべてひかりのくに刊）

〈実践協力〉

- 羽曳野市立恵我之荘幼稚園（大阪·羽曳野市）
- 羽曳野市立埴生南幼稚園（大阪·羽曳野市）
- 羽曳野市立羽曳が丘幼稚園（大阪·羽曳野市）
- たんぽぽ保育園（大阪·茨木市）
- たんぽぽ中条学園（大阪·茨木市）
- 安威たんぽぽ学園（大阪·茨木市）
- 千里山やまて学園（大阪·吹田市）
- 日の出学園保育所（大阪·大阪市）
- 愛輝幼稚園（大阪·大阪市）
- 新桧尾台保育園（大阪·堺市）
- よろこびの園（大阪·堺市）
- 東三国丘保育園（大阪·堺市）
- 小市学園（大阪·大阪市）
- 造形教育研究所「こどものアトリエ」（大阪·大阪市）

〈STAFF〉

本文デザイン　はやはらよしろう（Office 446）
本文イラスト　北村夕紀·常永美弥·とみたみはる·はやはらよしろう·みやれいこ
編集協力　中井舞（pocal）
企画·編集　安部鷹彦·安藤憲志
校正　堀田浩之

保カリBOOKS㊳
2·3·4·5歳児の
技法あそび実践ライブ

2015年9月　初版発行
2019年12月 第10版発行

著　者　村田　夕紀·内本　久美
発行人　岡本　功
発行所　ひかりのくに株式会社
〒543-0001　大阪市天王寺区上本町3-2-14　TEL　06-6768-1151（代表）
振替・大阪00920-2-118855
〒175-0082　東京都板橋区高島平6-1-1　TEL　03-3979-3111（代表）
振替・東京00150-0-30666
ホームページアドレス　https://www.hikarinokuni.co.jp
印刷所　大日本印刷株式会社

Printed in Japan
ISBN978-4-564-60876-6
NDC376　112P　26×21cm